篮球之门

王万里◎著

经济管理出版社
ECONOMY & MANAGEMENT PUBLISHING HOUSE

图书在版编目（CIP）数据

篮球之门 / 王万里著 . —北京：经济管理出版社，2017. 12
ISBN 978-7-5096-5496-5

Ⅰ.①篮… Ⅱ.①王… Ⅲ.①篮球运动—运动训练—教学研究 Ⅳ.① G841. 2

中国版本图书馆 CIP 数据核字（2017）第 278925 号

组稿编辑：魏晨红
责任编辑：魏晨红　周永萍
责任印制：黄章平
责任校对：王淑卿

出版发行：经济管理出版社
　　　　　（北京市海淀区北蜂窝 8 号中雅大厦 A 座 11 层　100038）
网　　址：www.E-mp.com.cn
电　　话：（010）51915602
印　　刷：三河市延风印装有限公司
经　　销：新华书店
开　　本：710mm×1000mm/16
印　　张：17.75
字　　数：205 千字
版　　次：2018 年 10 月第 1 版　2018 年 10 月第 1 次印刷
书　　号：ISBN 978-7-5096-5496-5
定　　价：48.00 元

序

　　少年强，则国强，国内外培养高水平篮球竞技人才道路证明，搞好青少年训练，提高训练质量，打好人才基础，是将来成为高水平优秀篮球运动员的必经之路，而高水平的优秀青少年篮球运动员又必须靠训练经验丰富，专业理论坚实，基础理论知识全面的优秀教练员塑造和培养。

　　王万里教练的"篮球之门"正是作者经过 30 多年训练实践和比赛经验总结，以独特的方式，以随笔的形式，写出了自己对篮球运动的感悟，本书阐述了关于青少年篮球运动训练的基本原则和掌握的规律，从融合的角度出发，写出了如何尽快地提高训练效率，加快培养的技巧和方法。从认知、训练指导思想及发展趋势，技术训练思路、战术训练思路、身体训练思路、心理训练思路、比赛指导思想以及对教练员的要求等方面表达出了自己的观点和体会。虽不全面和完整，但确实符合篮球运动的本质特征和训练比赛规律。有许多新的理念和认知，会对从事青少年训练的教练员有一定的启发，其中，作者能把自己学到的知识、做人的道理结合到培养青少年篮球运动员的工作中去，把篮球运动的基础知识、基本技术、基础战术意识、身体训练、心理训练、运用技术的技巧方法等内容融合到平时的训练中去，对教练员从全方位提出很高的要求。此书的问世，值得从事青少年训练的专业和业余教练员去学习和借鉴。

　　王万里在北京体育大学学习期间，我作为他的老师，与他有更多的接触，对他也有更多的了解。王万里经过自身专业运动员的训练，大学的专业教练员的教育以及在北京青年男篮做主教练员近30年的训练实践，带领北京青年男篮夺过五次全国青年比赛亚军，培养出了巴特尔、张云松、焦健、陈磊、解立彬、翟晓川、朱彦西、方硕等多名优秀运动员。王万里教练已具备丰富、系统的专业理论知识和较全面的基础理论知识，以及很高水平的训练工作能力和比赛指挥水平。王万里始终坚持教球育人，搞训练要先做人的原则。为人坦诚、心胸宽阔，助人为乐、谦虚好学，训练认真刻苦、善于思考、诲人不倦。这本书的问世，凝聚着作者大量的心血和智慧，对从事青少年训练和业余教练员训练具有很大的参考价值和学习借鉴作用。

希望王万里教练不懈努力，不忘初心，在培养篮球青少年运动员训练工作中继续奋斗，不断做出成绩，为中国篮球事业做出更多贡献！

刘玉林

北京体育大学·博士生导师

刘玉林，1939年出生，1958年至1963年就读于北京体育大学本科，1963年开始在北京体育大学任教。1993年被评为教授，1995年被批准成为我国第一个篮球专业博士生导师。曾任北京体育大学篮球教研室主任。在北京体育大学先后担任过本科生、院代表队、教练员专科、硕士和博士生教学训练和专项理论讲授工作，指导过多名高级访问学者、硕士和博士生。1978~1979年在老挝援外，任援外组组长。曾为中国篮球运动发展研究会顾问、全国篮球教材编写组副组长。目前，受聘担任10多所体育院、系兼职或客座教授。曾为北京电视台NBA解说嘉宾，并多次在中央电视台、北京电视台、中央人民广播电台做篮球比赛特邀嘉宾。还担任全国篮球高、中级教练员岗位培训教师。曾担任全国篮球冬夏训检查和督导工作，曾担任过CBA和WCBA比赛监督。享受国务院政府特殊津贴。

主要研究方向是篮球教学训练理论与实践，主要学术成果：部委级课题《全国青少年篮球教学大纲》《儿童、少年运动员选材标准》等。还发表了《现代篮球中锋主要技术动作及运用》《篮球运动员意识的探讨》《篮球攻、守技术的快速转换》《篮球青、少年训练》《我国篮球教练员现状调查分析》以及《篮球后备人才培养》等多篇论文。另外还主持和参与编写了多部教材，包括《全国体育学院统编专修和普修教材》《篮球高级教程》《篮球教法指导书》和《全国篮球高、中级教练员岗位培训教材》。自己的专著和合著包括《现代篮球技术教学与训练》《怎样打篮球》《篮球实战荟萃》《篮球研究必读》和《中国篮球大词典》等。

2017年受聘于山东体院国家篮球学院特聘专家。现任中国国家男篮调研督导组专家组成员。

前言

　　写本书的初衷是为我培养过的运动员而写的。因为他们很多人已经走上了教练员的工作岗位，以后还会有更多的人走上这个岗位，而这个岗位是一个培养人才的岗位，担子很重，责任就更加重大。因此，希望他们能够做到继承、发展、创新，通过他们的努力把中国的篮球事业做到更好。能达此目的，我也就知足了。我还想要达到的目的就是让更多的人了解集体项目的教练员应该具备怎样的素质和能力，才能真正干好这一工作。为了能具备这样的素质和能力，他们需要付出常人无法想象的努力。所以我希望大家能够对他们给予更多的理解和支持。另外，我还想让篮球运动员知道，在你们从事篮球运动训练的过程中，你能够学习到很多知识，如果你不用心学，篮球是打不好的。出书的事纯属机缘巧合，有队员和好友的推荐、有各部门的大力支持和帮助，如果没有他们的推荐和所做的大量工作，此书是不可能出版的。在这里我要感谢所有为此书而努力帮助过我的人。我还要借此机会，感谢所有教育过我、培养过我的老师和教练员。感谢所有关心过我、帮助过我的领导、同事、同行、队友、队员、同学、家长、朋友。感谢父母的养育之恩以及家人的理解和支持。

　　为师之道：自己会，会教人，教人会。篮球教学过程就是继承、发展、创新的过程，同时也是探索、发现的过程，更应该是一个能预知发展趋势的过程。

王万里教练是我篮球的领路人、启蒙教练，他独特的思想和教育方式给我打开了篮球的大门，希望你们也可以像我一样仔细聆听，跟随我师父的引领，步入篮球殿堂，享受篮球带来的乐趣。

巴特尔

　　巴特尔与姚明、王治郅合称为"中国三大中锋""篮球场上的移动长城"，是首个夺得NBA总冠军的中国球员。

王万里指导是我篮球生涯中最重要的教练！可以这么说，如果没有王指导的教诲，就没有我以后的篮球成就。希望大家能够认真读这本书。这本书不仅能教会大家如何打篮球，而且还能够看到一个老教练正直向上的人生观。

焦健

原北京首钢男篮队员，9次入选全明星，曾获得CBA最佳新秀，得分过5000，篮板过2000，中国国家男子篮球队获得亚锦赛功臣，姚明称他为"韩国克星"。

王指导是我开始专业篮球训练后所遇到的第一位教练。在随后的 20 多年里，无论是我之前做运动员还是现在当教练员，王指导的敬业精神、教学方法以及着重培养运动员球场意识，全面塑造运动员性格、人格的执教理念，时时刻刻都在对我产生着积极的影响。即使是我现在带领北京女篮，他的这些方法、理念也始终是我带队的主要指导思想和工作内容。

张云松

　　2004 年进入中国国家男子篮球队，获得奥运会前八名；原北京首钢男篮主力后卫；退役后担任中国国家青年篮球队主教练，现任北京女篮主教练。

今闻王万里指导的《篮球之门》要出版了，心里无比兴奋！

王万里指导是我在北京首钢青年队时的教练，在我进入职业队初期，王指导在技战术以及对篮球运动的理解方面对我产生了深远的影响，王指导作为教练员非常敬业，而且他所教的技术以及打球的方式都有很强的前瞻性。

《篮球之门》最初是在王万里弟子的微信群开始传播的，这个群里不仅有大学、初高中的篮球教练，而且还有专业队的教练，有正在上学的大学生，也有现役的职业球员……每个人都非常认可王指导的感悟！每天一篇短文，内容丰富，对我们这些篮球从业者帮助非常大。里面涵盖了几乎所有涉及篮球方面的知识，非常适合运动员、年轻的教练员以及篮球爱好者阅读。《篮球之门》是王指导整个教练生涯的一个缩影，是他多年职业生涯的心得体会，还有对中国篮球运动未来的希望。

真心地希望王万里指导所著的《篮球之门》能够得到更多业内人士的认可，能够将更好的篮球技术、意识以及正确的打球方法带给更多喜欢篮球运动的人！

陈磊

原北京首钢男篮队长，率队取得3次CBA总冠军，CBA江苏肯帝亚队现役队员。

自 2008 年一进队，我就跟随王指导训练。王指导为人谦和，对弟子耐心教导，不管是在球场训练还是在日常生活中都极尽关爱。虽然跟随王指导训练的时间较短，但是依然受益匪浅，无论是球场技术还是赛场经验，对我的职业都有很大的帮助，就算之后到了一队，我也是经常向王指导请教投篮等技术问题，王指导一直尽力尽责、毫无保留地教导我，很可惜的是没有在青年队跟他多练一段时间，那样我的技战术会比现在更好一些。王指导总说人生会有很多种选择，跟您练了这段时间我已经很知足了。

永远会记住您告诉我的：投篮要对自己有信心，行不行先给自己三次机会，大胆一些。您教会我宽宏大量，享受篮球带来的快乐。

喜闻王指导的新书——《篮球之门》马上就要出版了，我非常高兴，这样就会有更多的人能够看到王指导这些年当球员和教练积累的宝贵经验了。读者也会在书中学到丰富的篮球知识，希望对读者能有很大的帮助。

祝愿王指导身体健康、万事如意，希望您还能继续帮助弟子解决球场上存在的不足，能够继续进步，为篮球事业做出更多的贡献。

翟晓川

现役北京首钢男篮队员，3 次 CBA 总冠军成员，中国国家男子篮球队现役队员。

王万里指导亦师亦友，为人豪爽，却低调行事。他黑白分明，一身正气，他对篮球的一些先进理念熏陶了一批又一批的队员，其中也包括我。在青年队的一年多时间里，得到了王指导的很多帮助和教导，也就是在那段时间，给我在未来踏上职业篮球道路打下了很好的基础。

方硕

　　北京首钢男篮队员，曾获得CBA最佳新秀，3次CBA总冠军成员，中国国家男子篮球队现役球员。

王指导是我青少年时期的教练，在我最重要的成长阶段，王指导给了我很多积极的、正能量的影响。他的乐观、豁达一直影响着我，让我在遇事的时候沉着冷静，脚踏实地。不论是从前还是现在，他都一直默默地关注着我们，一直把我们当作自己的孩子。在低谷的时候他鼓励我，在夺冠的时候告诉我要戒骄戒躁，保持一颗平常心。良师益友，感恩心中。

朱彦西

　　北京首钢男篮队员，曾获得CBA最佳新秀，全明星三分王，3次CBA总冠军成员，北京队现役球员。

听闻王万里指导要出书，有一句话就从我的脑子里跳了出来："芝兰生幽谷，不以无人而不芳。"这是我一直想对王万里指导说的话。亦师亦友是我俩的关系，因为王指导没带过我，但我在队里打球的时候，只要有不明白的地方就去找王指导探讨，一来二去也学到了王指导在训练与比赛中的一些皮毛，现在我的队里进攻和防守的布局都有王指导的影子。

　　王指导的理论体系不单单针对篮球的训练与比赛，有的可以当作警世恒言，有的则很有哲理，有的一针见血，有的又发人深省。每天早上，他都会在群里发一段话，看王导的微信是我每早必做的事。我希望此书能让大家更多地了解和认知王指导的理论。谢谢！

王利

　　原北京首钢男篮队员，现任北京大学男篮教练。

《篮球之门》中的思想陪我走过了运动员时期，走进了教练员时期，是我的行动指南和思维之本，时刻提醒着我的思想深度和宽度。今天能看到这本书问世非常开心，这本书将给广大读者带来意想不到的收获和作用，一定要熟读，每次都会有不一样的理解。

王海东

　　原北京首钢男篮队员，现任清华大学男篮助理教练。

我从事专业训练 11 年，在这 11 年中经历了很多优秀的教练员，王万里是对我影响最深的一位教练。他不仅教会我如何打球，更重要的是教会我怎么做人，教会我如何爱这项运动。这对我退役后继续从事教练员工作起到了极其重要的作用。

姜超

现北京市东城体校教练员。带队夺得"李宁杯"全国中学生联赛总冠军。1991~2002 年在首钢篮球俱乐部，青年联赛中获得最佳射手、得分王。

欣闻王指导《篮球之门》付梓，这于王指导本人来说，是一件可喜可贺的事。著书立说，是做学问者最终极的目标，也是于做学问的人所研究的学问的系统整理和理论传播。王指导从事青少年篮球教学训练工作多年，因为其自身视角的独特、经验的丰厚，加之创新的思维意识和不拘泥于前人的个性，在实践过程中总结提炼出一套前人所未有的从思维到认知、从理论到实战的客观、实际、详尽、严谨、系统、全面的教学理论。

对于今天的篮球从业者而言，这本书的出版更是一件可喜的事情。该书以语录体的形式每段成篇，以感悟的方式娓娓道来，内容涵盖技战术教学重点、训练中的技巧手段、教练员带队思路、运动员个性塑造，甚至对篮球运动的诠释和认知。对于中国青少年篮球教学训练事业，应是一个划时代的著作，是一笔无比宝贵的财富。

作为王指导的学生，能曾耳提面命，追从学习，这是我们所万分幸运的。于我来讲，虽然已经不再从事篮球相关工作，但回想受教经历，其理论精髓远不止局限于篮球事业，对于社会成长中个人的集体协作认识、求新求变的思想、战略宏观的格局、务实踏实的作风，以及青年时期个性的培养，甚至步入社会后的团队管理思路，均起到不可替代的作用。

杜一

原北京首钢青年男篮队长，现任北京职工体育服务中心、北京工体体育文化传播有限公司总经理，中国演出行业协会理事，北京演出家协会常务理事。

《篮球之门》是师父从事青少年篮球训练工作后所总结归纳出的精华！犹然记得在十几年前我当运动员时候，师父就跟我聊起过移动进攻的理念。细想现在任何一种先进进攻体系，都不足以说明王指导所提出的移动进攻理念！师父的理念与精神一直对我有着深远的影响。而《篮球之门》更是我当教练员时期敦促我不断进步的教鞭与指南！感恩师父，愿《篮球之门》能帮助到更多热爱篮球且愿为之奋斗的人们！

白迪

　　原北京首钢男篮队员，国家级健将，国少队队员。现任北京市中关村中学高中男篮教练。

《篮球之门》是一本帮助我成为一名优秀篮球运动员方法的书籍，其中的每一段话语都能让我回忆起王指导带我训练的画面，更是现在的我作为教练员去学习、探索、进步，并教育队员的指导方针以及训练方法。感谢王指导对我的付出与培养！

解立彬

　　原北京首钢男篮队员，中国国家青年篮球队队员，CBA 最佳新人，2012 CBA 冠军，现任北京首钢男篮助理教练员。

认知决定思维方式，思维方式决定行动，在篮球训练中要求比方法重要，内在比外在重要，能力比形式重要，思路比路线重要！

李翔

　　原中国国家青年篮球队队员，原北京首钢男篮队员。

欣闻王万里指导著作《篮球之门》横空问世，表示由衷的祝贺！此书充分诠释了王万里指导的训练与比赛的精华理念，以近 50 年的从业经验及严谨的理论知识，获得业界教练员、运动员、管理者的高度认可和好评！

　　纵观国内篮球发展，王万里指导是不可多得的篮球教练员，用毕生的心血培养出大批优秀运动员，如巴特尔、焦健、张云松等著名篮球运动员，为中国篮球做出了巨大贡献！

　　王万里指导最让人敬佩的是甘于自我牺牲、勇于探索创新的工匠精神！这是中国篮球最需要的，也是最值得我们去敬仰和学习的，相信这股精神和信念会伴随着我们成长，并由一代又一代的篮球人传承下去！

周一帆

　　城市传奇篮球俱乐部董事长，北京市篮协副秘书长，CBA 天津荣钢篮球俱乐部执行董事，北京市房山区青年联合委员会常委，福布斯中国 30 位 30 岁以下精英。

2001年进入首钢队就认识了王万里指导，那时每当我遇到问题总是去他那里寻求解决的办法，每一次我都发现我不仅解决了问题，还站在了新的起点之上！虽然我最终没有在首钢实现自己的篮球梦想，但我很庆幸自己能遇到王指导！王指导一直从事篮球教学工作，有很多原创的理念，使我非常受益，希望你也可以在书中找到答案，并站在新的"奇点"之上！

张涛

浙商银行男篮教练。

师父王万里曾经说过："当一个人做着自己内心不喜欢的事，工作在自己不擅长的领域的时候，却依然能够把事儿做好，这样的人可以算是能人。"可以说，这句话决定了我前半生的命运轨迹，上大学选择了与自己性格完全不相符的新闻专业，毕业后并没有轻车熟路地去做一名体育记者，而是做起了从未接触过、从来没有想过的法治新闻。在经历了一次次挫折、一次次挑战的同时，自我也得到了完善。人生就像一场修行，师父王万里不仅是教会我一项专业技能的体育教练，更是我成长路上的导师。

王卓

　　北京电视台《法治进行时》栏目主编。

尊敬的王指导您好：

1991 年，我就开始跟您过着职业运动员的生活了！您不仅教会了我精湛的球技，还在平时的生活中用您的人格魅力教会了我们怎么做人！在我们十几岁最叛逆的时期，虽然父母都不在身边，您不但教我们打球，而且在生活上严加管理着我们，真的太累了！

王指导您辛苦了，谢谢！

邰冰

原中国国家青年篮球队队员，原北京首钢男篮队员。

心血育桃李，辛勤扶栋梁。教诲如春风，师恩似海深。桃李满天下，春晖遍四方。寄望后来者，成功报师恩！

谢镇雨

　　原中国国家青年篮球队队员，原北京首钢男篮队员。

初次听王指导讲"要做调节别人的主人，不要做被调节的对象"这句话的时候，觉得挺难理解，也有点儿拗口。离开运动队多年以后，在多家国内外互联网公司就任各级职务后，才终于慢慢明白这句话的含义，也使我能够在职场中左右逢源，取得一些成绩。多年前，王指导亦师亦父，将他多年的人生感悟教导了处于人生懵懂期的我们，使我们受用终生。对于篮球的技战术，我没有过多的发言权，但是对于书中所反映的教练员对待队员，对待篮球运动的这种态度，在字里行间希望广大读者能有所体会。

尹龙

上海久游网络首席运营官。

十年树木百年树人，恩师恩情比海深。
一日为师终身为父，毕生难以报师恩。
师生情深，永生不忘！

关门弟子 —— 南鹛敬上

南鹛

  原中国国家青年篮球队队员，原北京首钢男篮队员。

王万里指导是我青年队时期的教练，是开启我篮球之路的领路人。《篮球之门》这本书，不仅是关于篮球方面的启迪和感悟，更是对人生成长的一种指引。不管你是在篮球场上还是在球场下，都离不开观察、判断和选择。

刘成泽

原北京青年队队员，毕业于中国人民大学，现工作于中央电视台体育频道篮球公园栏目，记者、编导。

得知恩师王万里指导撰写的《篮球之门》即将出版，内心的喜悦呼之欲出。王指导是我在北京首钢青年队时的恩师，这位京城功勋篮球人，在篮球赛场上叱咤风云，运筹帷幄，栽培后人，并倾其多年心血著成此书，我希望喜欢篮球的读者能够从书中获益，并打开属于自己的"篮球之门"。

矫健的身姿、不凡的身手、清廉的风骨以及对篮球的一片深情都跃然纸上。此书是王指导倾其半世心血，将其感悟娓娓道来，同时也道出了对当下篮球人的期许。书中全面涉及篮球技战术教学、方式方法、性格塑造、心理学等各个方面，且并未局限于篮球层面，而是以小见大，将篮球内涵延伸至人生观层面，对于中国青少年篮球教学训练事业，无疑是跨时代的瑰宝。

如今，我时常回想起当年王指导带我训练的点滴，十八年前王指导的指点如今依然实用，当年的谆谆教诲竟与我现在的生活紧密相关，我想这就是教育的真正含义。仔细阅读《篮球之门》这本书，相信热爱篮球的你也能从中发现篮球以及生活的真谛。

能够成为王万里的门徒，是我的荣幸。如果没有篮球，没有他对我孜孜不倦的教诲，不知道我今天在做着什么，也不知道我的工作是否与篮球有关。退役初期，我立志要成为像王万里一样优秀的教练，如今已过而立之年的我在读完此书后知道了如何做真正的自己。每当对社会、对工作、对生活充满抱怨的时候，每当带队想过要认输的时候，我都会打开《篮球之门》。在我的世界里，有许许多多的人和事会随着时间的不断更迭而渐渐褪色，但与王万里指导一起跟篮球有关的一切永远不会！

白晗

STRONGER ME 马布里篮球训练营中方总教练，NIKE RISE ACADEMY 中国籍主教练，北京大学附属中学男篮外聘执行主教练。

从青年队时期便跟随王指导训练，尽管三年的时间比较短暂，但却给了我受用一生的东西，无论是在做人层面，还是在专业技战术层面都给我带来了深厚的影响。以至于在我成为教练员之后，都在反复消化王指导当初所传授的训练及比赛的宝贵经验。

王万里指导的敬业精神、创新思维、广阔胸怀都是我们这些新生代教练员需要不断学习、不断传承下去的。

听闻王万里的著作——《篮球之门》即将问世，心里既高兴又嫉妒，高兴的是恩师的精华理念得以广为传播，嫉妒的是广大读者是如此幸运，可以用如此便捷、如此低成本的方式得到如此宝贵的经验，如果当初我在球员时期可以看到这些东西并悟到这些东西，也许会有完全不一样的人生。尽管我很热爱现在的职业，但是谁不愿意实现当初的梦想呢。

最后，愿恩师身体健康、愿恩师的宝贵经验得以传承、愿广大追梦者借助此书得以圆梦！

常乐晨

城市传奇全国总训练师。

目录

第一部分

认　知

1.1　为师之道：自己会，会教人，教人会。

1.2　师者需自修：知识能力；形象气质；平易近人，容人容事。

希望所有弟子都能超越自我。知识能力，是修与本专业有关的事实、信息和技能；形象气质，是修自然、大方、本色；平易近人、容人容事，是指胸襟之大与格局之远。

1.3　师者需要有点霸气，但不能霸道。

霸气是正义之气，是明是非，讲道理。霸道是邪恶之气，是不明是非，不讲道理。霸气让人有敬畏之心；霸道让人产生憎恨之心。师者切记！

1.4　每个人的一生与他人都不一样。因此，人生可以有各种感悟、各种选择和各种态度，这些都无可厚非，但唯一不能丢失的是正直和善良。

1.5　人生要学会把复杂的问题简单化。

1.6　师者应做到：继承、发展、创新。

继承是基础，发展是空间，创新是思路。

1.7　做人要敢于坦诚。坦诚就是暴露自己真实的一面，真正坦诚的人是有自信的人。

1.8 　人生还需自修的一种品德，叫作"善解人意"。

1.9 　人在各种环境和条件下能否生存，主要看这个人的综合能力和综合素质。能力越多越强，素质越全面、越高，生存也就越容易。能力和素质哪里来？还是需自修。

1.10 　人的一生就是得与失的一生。这是规律，对谁都一样。

1.11 　做简单的人，说简单的话，干简单的事。

1.12 　人生最难把握的就是度，因度无处不在，随时伴你左右，稍不注意，不是左了，就是右了。

1.13 　人生如看书。人生过程是：由简单到复杂，再到简单。看书过程是由薄到厚，再由厚到薄。留下的都是利器。

1.14 　道理不分好坏，关键是施道者能否选对，受道者能否明晰。如三十六计的运用，不能说哪条计最好，而是要选对，用对者成功，用错者失败。

1.15 　解决问题的四部曲：首先是发现问题，面对问题；其次是分析问题出现的原因；再次是制定并选择解决问题的方法；最后是实施。

1.16　篮球运动中，一支球队的所有成员都是互相依赖、生存、发展的关系。所以，彼此之间一定要尊重，要协作。

1.17　人的一生不是你学了多少，也不是你知道多少，关键是你用了多少，成了多少。

1.18　人生需要跨越的一大障碍，就是感情用事。

1.19　事物与事物之间是有联系的，因此，要学会联系，学会了联系，才能举一反三，才能谈到运用。篮球运动也一样。

1.20　解决问题时要抓主要矛盾，球场的胜败关键是你是否抓住了主要矛盾。

找到了主要矛盾，还是解决不了问题，那是因为在实施过程中，偏离了主要矛盾，始终在抓次要矛盾。

1.21　道理都很简单，如果复杂了，就是人为的。

1.22　实验中的失败和成功，都是成果。

1.23　真正干实事儿的人都知道，一辈子没有干过大事，因为大事是小事的堆积。

1.24　教育是全社会、全人类最崇高、最敬佩、最重要的事业。

因此，在培养、选拔和使用教育工作者时应更严格，尤其是教育工作者的价值观。

1.25 "一"的教育很重要，它会影响人的一生。什么是"一"的教育，就是最普通、最基础的教育，就是德、智、体、美全面发展的教育。所以好老师应在最基层。

1.26 帮助别人，要有意识和能力，二者缺一不可。有意识没能力，帮不了别人；有能力没意识，不会去帮别人。

1.27 干任何事业都需要外界的激励和鞭策，但更重要的是自我激励和鞭策。

1.28 认识事物的发展规律需要一个过程，既由浅入深，再由深至浅。

认识篮球运动的发展规律也是如此，因此，要不断地实践、认识，再实践、再认识，做到从实践中来，到实践中去。

1.29 量变到质变规律。篮球教练员都知道这一规律，并经常运用这一规律。

但我们经常只考虑事物发展的一个方面，而不考虑事物发展的另一个方面。比如：量的积累是否符合篮球运动的发展规律？符合是一种质变结果，不符合是另一种质变结果。

1.30　矛盾规律，是解决方法论问题的。事物的存在不是孤立的，矛盾是普遍存在的。在篮球运动训练中，怎样分析矛盾，化解矛盾，关键是如何做好矛盾的转化工作。

1.31　我们都知道，内因起决定性作用。例如，对手的实力比你高出很多，你怎么努力也赢不了，这就是外因的客观存在。

因此，我们理解内因起决定性作用，是要承认客观存在的事实，用内因的作用，使自己强大起来。

1.32　事物的发展随着时间、地点、条件的变化而变化。所以，对事物的看法，不要一成不变。

你现在肯定的东西，随着时间、地点、条件的变化，有可能成为否定的东西；你现在否定的东西，随着时间、地点、条件的变化，有可能成为肯定的东西。这是事物发展的必然规律。

篮球运动训练也是一样。

1.33　事物是客观存在的。所以，我们真正需要提高的是认识水平。篮球运动训练也是一样。

1.34　学知识，一是记住知识，二是理解知识，三是运用知识。记住知识可以完成考试，理解知识可以提升能力，运用知识可以通往成功。

1.35　教礼、教理，懂礼、懂理；挑礼、挑理，不懂礼、不懂理；学会礼、学会理，会用礼、会用理。教礼、教理，不一定懂礼、不一定懂理；挑礼、挑理，不一定不懂礼、不一定不懂理；学会礼、学会理，不一定会用礼、不一定会用理。

1.36　人最容易忽视的往往是小事和简单的道理。所以，经常出现一种情况，一说都知道，一做全忘掉。

正因为简单，所以不重视；正因为简单，往往不做到位。须知道，事无大小，道理不分繁简。

1.37　一个人能不能成才，不是人为的给了你多少机会，而是你具不具备能力。你具备能力了，一旦有机会，你就能发光发热；如果你没有能力，给你多少机会也没用。

1.38　树立冠军意识和永夺第一的思想是对的，这是信念。但同时必须明白，这是一个漫长而艰苦的过程。

这里面，包括坚定的信念、实事求是的态度和长期奋斗的作风。

这不是一个人能做到的，必须是集体，而且这个集体的范围越大越好。

1.39　别人可以看不起你，但你一定要看得起自己。

1.40　不知道时，不做，情有可原；知道了，不做，不可原谅。只有知道得多，做得多，才有希望成功。

1.41　人生之中还需具备低配人生的意识和能力。

所谓低配就是精简，这不是让你压缩生存空间，降低生活质量，工作中偷奸耍滑，而是让你在这个充满选择与欲望的世界里，学会辨别与取舍。

篮球运动训练也是如此，教练员要学会辨别、选择与放弃。辨别需智慧，选择的是有用与精华；放弃的是负担与糟粕，只有这样，才能使你轻装上阵。

1.42　人的一生应是不断追求的一生，探索发现的一生，努力进取的一生。

1.43　每个人都要知道，在球队中的表现决定在球队中的位置。

敢说这事我负责，并真能做到负责的人，就是球队的领导人；

敢说这事我顶着，并真能顶得住的人，就是球队的顶梁柱；

敢说这事我来做，并真能做好的人，就是教练员的左右手；

经常说这事我不会，那事不愿做，做事又做不好的人，就是球队的拖累；

总是抱怨别人，而不正视自己的人，就是球队中最没用的人；

总问这事怎么干？那事怎么干？自己从来不动脑子的人，就是球队中最懒惰的人；

总说这事为什么我来做，什么事也不愿做的人，就是球队中的寄生虫。

1.44　学知识、学经验是为了用，是为了更快、更好地提高和发展。所以，我们学知识和经验时，一定要先知道，我们有什么，没有什么；我们知道什么，不知道什么；我们需要什么，不需要什么；我们会什么，不会什么；我们做了什么，还没做什么。只有这样，才能有目的、有计划、有选择地学习。

1.45　我们做事情时，经常走两个极端，不是以老大自居，就是谦虚过度，很少能静下心来思考。

以老大自居，容易停止不前；谦虚过度，容易放弃自己的东西。

只有静心思考，调查研究，知己知彼，逐步建立和形成自己的一套体系，在此基础上，根据事物发展的规律和情况的变化，及时调整、修正、完善，才能获得预期的结果。

篮球运动训练也是如此。

1.46　有的人可以帮你长远，有的人可以帮你眼前，两者都是帮你，必须都要尊敬。

但你必须知道眼前和长远的利益关系，既有眼前，又有长远，两者都要兼顾。

1.47　随着认知水平的提高，思路是可变的，但是坚持、耐心、毅力、拼搏、探索、发现、追求的精神是不能变的。

1.48　干事业，正确的思路和持之以恒的精神，二者缺一不可。

没有正确的思路，不管怎样坚持，都是浪费精力；有了正确的思路，如果不坚持，就会半途而废。

1.49　人生的首要突破是超越利己主义！利众，众人越成全；利己，众人越破坏。

1.50　人的一生中，既需要间接经验的积累，也需要直接经验的积累，如果只靠间接经验，就会成为无源之水，如果只靠直接经验，付出的代价将会很大。在篮球训练和比赛中，尤其需要将二者融会贯通。

1.51　名师出高徒，不是指徒弟某一方面能力的高低，而是徒弟能否诠释老师所有的思想精华，并在此基础上更上一层楼。这样，才能保证代代有名师，代代出高徒。

1.52　任何事业的发展模式都是金字塔形的结构，篮球也不例外。所以说，下面的基础越扎实，可提供的人才越多、越好，上面的用人单位，可挑选的余地也就越大，一旦被选中，那一定是精英。我们现在培养出的精英不多，因此，水平不高是很正常的。

1.53　运动员的条件好坏共分四种：

（1）内外条件都很好的运动员，成才率最高。

（2）外好、内不好，不容易成才。

（3）内好、外不好，不容易成才。

（4）内外都不好，根本成不了才。

1.54　心静了，你才有可能做到认真观察，认真思考；放下了，你才有可能做到合情合理地分析、判断与决策。因此，关键还是心静和放下。

1.55　普及并不一定能够提高。当普及只是一种形式时，提高就谈不上了。

普及有一种好处，那就是可以多发现人才，要想提高，关键还是看教练员的训练水平。

只有各级教练员的训练水平提高了，普及才有意义，才有可能在普及的基础上提高。

1.56　为什么说内修比外修重要？因为内修是一切外修的基础，是战胜一切困难的保障。如果没有内修这个基础和保障，这个队一遇到困难就会出现问题。

1.57　现在的教练员带一个队最难的不是外修，而是内修。

由于受大环境的影响，运动员的内在素质都不高，这对于集体项目来说，是个致命的因素。

1.58　教练员必须能够激发运动员的潜能，不管运动员愿不愿意，自不自觉，不管用什么方法和手段，教练员都必须如此，因为这是教练员主要的工作职能。

1.59　很多人需要逼迫才能挖掘出自身的潜能。如果只靠自己，永远也不会知道自己的潜力有多大。

1.60　不管是多好的训练方法和手段，不管是多好的训练内容和技巧，如果运动员不努力去练习、不努力去掌握，都没有任何作用。

因此，教练员一定要让运动员知道自己努力的重要性，只有自己努力才会有收获。

1.61　一个真正有能力的人是他进入一个新的环境后，先观察环境，然后适应环境，进一步影响环境中的人，最后是改变环境中的人。这是一个循序渐进的过程，也是一个人能力的体现。

1.62　用辩证思维看问题或做事，就是不要轻易否定某些事情，不要轻易相信某些事情，不要轻易放弃某些事情。

对一件事情不要轻易下论断，不要轻易做决定，要善于分析利弊，要知道利和弊是可以转化的，利和弊都是可以利用的。关键是我们要学会分析，学会转化，学会利用。

1.63　事物是不断发展和变化的。我们要适应发展和变化，要面对发展和变化，要预测发展和变化，要让发展和变化为我们服务，要让发展和变化为我们创新，要让发展和变化成为我们前进的动力。

我们不懂的东西，不知道的事情，不代表不存在。我们否定的东西，认为错误的事情，也许是我们认识水平没有达到，也许是我们的判断出现了错误。

1.64　我们的头脑中要始终有发展和变化的意识，要有适应发展和变化的能力，这样可以帮助我们及时发现问题，及时纠正错误和改正错误，及时适应环境、及时适应变化，并在此基础上不断地创新。

篮球运动项目的发展和变化规律也是如此，我们在训练和比赛中一定要掌握好、运用好这一规律。

1.65 会干的活儿不在于多，而在于精，这句话有道理。关键是在运用过程中把两者结合好。

精是因为用起来有把握，多是因为用起来有余地。精与不精，会得多与会得少，都是相对而言。

人的一生不可能什么都比别人强，自己有弱点，同时要知道，对手也有弱点，在都有弱点的情况下，就看如何灵活运用了。

1.66 一个优秀的球队在比赛时，应该取得两种收获：既赢得比赛，又赢得对手的尊重。后者比前者更重要。

1.67 有些事情，当别人都不相信的时候，都没有认识到的时候，都没有信心的时候，或者对此事都反对的时候，你的判断和决策就是在挑战别人的认知水平。你如果认为正确并坚持去做，成功了，那就是有自信。

1.68 不能原谅别人，就会成为怨恨；不能原谅自己，就会成为包袱，这两种情况都对自己不利。

要记住人无完人，当别人犯错误的时候，要学会原谅他们；当自己犯错误的时候，要学会反省自己。

1.69 怕别人了解你,这是一种不自信的表现。

如果一个人真正有自信,就不怕别人了解你。在别人了解你的过程中,你可以影响他们,带动他们,让他们自觉或不自觉地跟着你走,跟着你学,这就是自信的基础。

1.70 不努力的运动员,条件再好也练不出来。一个运动员的成才,不仅是因为遇到的教练有多好,关键是你的个人努力有多强。遇到了好的教练员只是帮你少走弯路,成才的关键还是自己。

1.71 人与人之间产生矛盾的主要原因是价值观不同,这与性格、年龄无关。为什么不同性格和年龄的人可以在一起共事,原因就是他们有相同的价值观。

1.72 真正的强者必须具备的一种意识是杀强,而不是杀弱。当你有能力的时候,你才能杀强,没能力的时候,杀强就是一句空话。要想当强者,就必须有足够强大的能力。

1.73 轮回之间,闪耀的辉煌可以回到黑暗的沉寂,关键是能否有耐心重返辉煌。

有了耐心,还必须坚持,在坚持的过程中,需要做很多事情。能不能接受沉寂,能不能变成动力;之后,能不能影响别人,能不能引领别人,这个过程虽然艰难,但对教练员来说,不应该复杂,反而应该简单,那就是沉下心来,完成我们应该做的事情,最终由沉寂回归辉煌。

1.74　知识不在于学多，而在于学精；志不能常立，而在于立长；智不在于多，而在于大。

我们看一个人的能力，不是看他学了多少，而是看他用了多少；我们看一个人的志向，不是看他是否经常立志，而是要看他能否有长志；我们看一个人的智慧，不是看他有多聪明，而是要看他一贯表现出来的格局。

说得多，不如做得多；说得好，不如做得好；少说话，多办事；说精话，做精事；说有用的话，做有用的事。

1.75　一个人只有在离开好的团队时，才知道团队的重要性；一个人只有在失去别人帮助时，才知道别人帮助的迫切性。

在拥有时不知道珍惜，认为都是自己的功劳，一旦失去，就不知道该怎么做了。所以，我们每个人要学会珍惜身边的人，感恩帮助你的人。

只有建立这种意识和文化，才可能建立起一个你所向往和喜欢的团队。

1.76　不管干什么事都要有大和小、上线和底线的框架。

大是战略指导思想，小是战术准确实施。

上线是我们要争取做到什么，底线是我们决不能做什么。

中间的环节就是空间，可以任意发挥。

篮球比赛规律也是如此。

1.77　进步快的队员，不一定走得长远；进步慢的队员，不代表不能成功。只有长期坚持、有韧性的队员，才能是最后的胜者。

1.78　当下，人们总是按商业标准来衡量一个人的能力，就是你能不能立刻给我创造价值。

这本身没错，每个团体都需要立刻见成效的人，这不但对个人有好处，对团队也有好处，所以我们现在用人的标准就是能马上带来利益的就用，不能马上带来利益的就换，常常是换来换去都不能解决根本问题。

也许，有时解决了暂时的问题，但是不能解决长远的问题，这是因为你没有按规律办事，你只注重外力，没能铸就内功，外力用好了，可能暂时成功，但不能长久成功。

因为，成功的基础是人才梯队的建设和培养，从0到100，从基础到高端，源源不断地递进，如果不按这条线去运作、去发展，很快这个事业就会停滞不前甚至倒退。

篮球是大众最喜爱的体育项目之一，只有放弃短期利益，打牢人才基础，才能突破和进步，否则将永无翻身之日。

1.79　弱点每个队都有，如果你让对手抓住弱点了，那才是真正的弱点。如果你始终让对手抓不住你的弱点，你就没有弱点。

这里面的技巧有很多，需要每个教练员认真研究，其中，最主要的是要解决好训练思路，也就是指导思想。弱点只有我们自己知道，让对手知道我们的弱点也只是暂时的。

我的指导思想是，对手给我什么机会进攻，我就会利用什么机会进攻，你认为我弱，我也要进攻，不管进不进球，我寻找的是机会。

球队能把握机会了，离成功就不远了。

弱点我们可以通过训练慢慢提高，因为现在的弱点，不敢进攻、不敢出手，将给我队带来无穷后患。通过这点也可以衡量出自己队的真正弱点，有利于在训练中解决。

1.80　现在，我们为什么不能训练出大批优秀的、技术全面的运动员？原因不在运动员，而是教练员没有给他们机会。

我们在培养运动员时，给他们的机会是不平等的，有的运动员一辈子都没有练过推进组织快攻，几乎没有在全场控制球的机会，这本身就会影响运动员的全面发展，所以，我们要打破传统的训练模式，让所有运动员各种位置都练到。

只是在练习攻守对抗时，我们一定要把水平差不多的分在一组。比如，练习全场三对三时，我们可以把全队最好的六名运动员放在一组，中等水平的六人放在一组，最差的六人放在一组，不分身高，不分位置，该谁接应谁接应，该谁快下谁快下，该谁推进谁推进，长期坚持下去，一定能培养出大批全面型的运动员。

1.81　在篮球训练中，教练员会遇到简单或复杂的问题，那什么是简单的问题？什么是复杂的问题？

简单的问题就是基本功、基本技术、基础战术意识；复杂的问题就是各种战术配合路线。

各种战术配合路线跑一段时间就会很熟悉，但基本功、基本技术、基础战术配合意识，你练很长时间，你付出极大努力也不一定能解决，因为这是一个培养篮球运动员全面能力的过程，所需时间确实很长，如果不重视，收效就不会大。

而各种战术配合效果的好坏，又与运动员的能力有关。所以说，我们在解决问题时要有思路，遇到复杂问题时，要去找简单的方法来解决，也就是运动员哪方面能力不行，就多练哪方面，练好了，问题就解决了。遇到简单问题不要忽视它，要引起足够的重视，并有耐心坚持长期训练。

1.82　一支好的球队，一支值得尊敬的球队，是当球员离队时，不仅心存感激，而且走后依然遵循球队的精神和处事方式。最高境界是：转化为一种人生态度，根植于内心深处。

1.83　篮球运动的基础训练工作是最能体现个人价值，最有挑战性，最有开拓性，最富变化，最富特色，最富创意，最富活力，最富魅力，最有探索、发现的空间，最适合试验、对比、创新的工作之一。

因为我们这项工作的内容太多，所有运动员该学到的内容，我们都要教到。我们还要不断地学习、探索、发现、对比、试验、创新，还要学会培养与使用，还要考虑运动员的长远发展。

总之，这是一个很锻炼人的工作岗位，如果能在这个岗位过关，你到哪个岗位当教练员都不会成问题，所以我们一定要尊重、喜欢并热爱这个工作岗位。

1.84　优秀的篮球运动员，在有防守和没有防守时的感觉是一样的。因为防守人限制不了他做任何动作，也就是说，他想做什么动作、想完成什么任务，都可以自己设计出来，防守人只能被动防守。

这样的运动员，被称为天才运动员，而且一个天才运动员防不住其他天才运动员。

1.85　篮球运动发展到现在，每个队员的控球能力和接应能力显得越来越重要，其范围已经扩大到全场，如果不能在训练中提高这些能力，我们在比赛中将会遇到很多困难。

如果能在训练中提高这些能力，我们在比赛中将会得到很多有利局势，会给对手带来很多麻烦。

1.86　从我国篮球运动员的身高及能力来看，二三线球队的训练还存在一些问题。

现在，身高2~2.05米的篮球运动员有很多，而且身体素质和运动能力都很强，但就是没有技术全面的运动员，造成国家队锋线上的人员缺乏，控球只能靠后位，组织也只能靠后位。用一个后位打，球就很难支配开，必须用两个后位才能使球运作开，使我们的身高不能成为一种优势。

这种情况，一线队、国家队都不可能解决，只有二三线球队的教练员可以解决，但是我们并没有解决。原因就是我们没有按培养外线或后位的模式来培养他们，只是利用他们的身高，获得一些眼前利益。一旦需要他们打外线了，就显出他们的能力不足，技术不全面，意识跟不上，好看不好使。

这种现象必须改变，才能给中国篮球带来希望。

1.87 篮球运动员控制球、支配球的能力以及信心是看他在有人防守的情况下，能不能自如地完成各项技术动作以及各项任务，这点很重要。

一个球队这样的运动员越多，水平就越高。所以，我们在训练时，不能只抓后位的控制球和支配球的能力，而是各个位置都要抓。

1.88 现在，篮球运动的基础训练越来越早期化、专业化、专项化。原因是篮球运动的训练内容是任何运动项目无法替代和解决的，只能靠篮球运动本身来解决篮球运动自身的问题。

1.89 在训练中，发现问题很重要，没有发现问题，就谈不上解决问题；同时，发现的问题还要准确，不准确也不能解决问题；发现问题了，而且准确，如果没有合理、有效地解决方法和技巧，也不能解决问题。所以说，发现问题、找出问题的本质是前提条件，解决问题才是根本。解决问题必须要有有效的解决方法和技巧，二者缺一不可。

1.90 在篮球训练中，我们都会遇到简单或复杂的问题，其实，简单或复杂是一对矛盾，既相互依存又相互制约。

我们遇到复杂的问题，往往用最简单的办法就可以解决。同样，看似简单的问题，解决起来往往并不容易，付出极大的努力也不一定能解决。柔极能克刚，刚极柔不防。

所以，我们在解决问题的时候就要有这个思路，遇到复杂的问题，要去找简单的方法解决；遇到简单的问题，要引起足够的重视。

篮球训练类似的问题有很多，大家可以想想，找出来，你的业务水平就一定能提高。

1.91　当把篮球运动理解到它是非常简单的时候，你才真正得到了其中的真谛。如果你还是感到它是那么博大精深、深不可测，那你还没有掌握到它的精髓。

只看到它表面的复杂多变，而没有看到它内在的根本规律，这时候，你还是处于"有"的阶段，没有达到"无"的境界。

篮球运动的规律离不开攻和防，就像万事万物离不开阴阳一样。

1.92　攻和防是对立统一的两个方面，它们既相互依存又相互转化。

所以，在训练时，重攻轻守或重守轻攻都是不对的。重攻轻守，练不好高质量的进攻；重守轻攻，也练不出高质量的防守。

1.93　篮球运动发展好的国家、地区和球队，都是在保留住自己原有的风格、特点的基础上，学习、丰富、发展自己的球队。

美国篮球运动的发展如此，欧洲篮球运动的发展也是如此，亚洲篮球运动发展也是如此。

我们是放弃自己的东西，学习别人的东西，是放弃，学习，再放弃，再学习，已经没有自己的风格、特点，所以我们落后了。

快、灵、准、狠是我们立足的特点，但现在已经没有了，我们放弃了，让别人学走了。

1.94　篮球运动中某一打法一旦让所有人认为应该这样打时，它就不再是最佳打法了。

1.95　篮球教练员要重视启发式教育，提出—议论—引导—捋顺。

1.96　篮球运动员如果不能在移动中或控球进攻时解决观察、判断、选择的问题，就说明他的能力不行。

我们在培养运动员时，就要朝着这个方向努力，并拿这个标准来衡量运动员的能力。如果你的队员解决了这个问题，那他的能力一定差不了。

1.97　一个球队的水平高低，是看这个队的攻守综合能力，而不是一个人的综合能力。

很多事实都证明，球星如果在一个攻守综合能力强的球队，那他就可以带领这支球队拿冠军，如果他在一个攻守综合能力不强的球队，他就拿不了冠军。

所以说，集体项目靠的还是整体的综合能力，而不是一个人的能力。

1.98　我当运动员时，知道了个人能力的重要性；我上北京体育大学时，知道了整体配合的重要性；我当教练员时，知道了个人能力与整体配合完美结合的重要性。

1.99　观看现在高水平的比赛，一方面，比的就是看谁的机会多，机会出来你敢不敢出手，越是高水平的运动员越是敢出手。不敢出手的运动员，在高水平的比赛中越来越少。

另一方面，高水平的运动员没有技术不全面的，近、中、远的进攻都有把握，都有能力，只要给他机会，他就可以得分。不给他机会，他也会创造机会得分。

所以，我们在培养运动员时，要考虑这些因素。如果不考虑这些因素，就培养不出优秀的运动员。

1.100　我们的训练过程是实践过程、创新过程，也是试验过程，只有认识到了这一点，我们的训练才有意义。

1.101　看一个运动员是不是聪明，主要是看他在练习中是选择单一还是全面。选择单一的运动员几乎没有聪明的，选择全面的运动员都很聪明。

选择单一的运动员，观察、判断都不好；选择全面的运动员，观察、判断都很出色。

选择单一的运动员，都不会设计；选择全面的运动员，都会设计。

选择单一的运动员，很容易被防住；选择全面的运动员，防守人很难防住。

选择单一的运动员，不重视集体配合；选择全面的运动员，都重视集体配合。

选择单一的运动员，思路窄；选择全面的运动员，思路宽。

选择单一的运动员，应变能力都不强；选择全面的运动员，应变能力都很强。

选择单一的运动员，是依靠别人帮助他；选择全面的运动员，能帮助别人。

选择单一的运动员，永远不可能成为队里的核心；选择全面的运动员，随时都是队里的核心。

选择单一的运动员，发挥不稳定；选择全面的运动员，发挥稳定。

选择单一的运动员，心理不稳定；选择全面的运动员，心理稳定。

选择单一的运动员，不会打机会球；选择全面的运动员，会打机会球。

选择单一的运动员，不会创造机会；选择全面的运动员，会创造机会。

1.102 观察、判断好并技术全面的运动员，会根据球场上的情况来选择自己的行动；观察、判断不好并技术不全面的运动员，是根据自己的想象来选择自己的行动。

1.103 运动员在练习运球时，协调性、灵活性、错位的脚步都能做出来，但到运用时，就没有了。这说明：①不够熟练。②运用意识不够。③观察、判断、选择不好。④急于求成，控制不了重心。

1.104 篮球运动员技术水平提高得快慢，主要看他在学完技术、技巧后，能否运用。

能运用的，就提高得快，不能运用的，就提高得慢；

能运用的，说明已经掌握了技术、技巧，不能运用的，说明没有掌握；

能运用的，说明运用技术、技巧的意识强，不能运用的，说明运用技术、技巧的意识差；

能运用的，说明观察、判断、选择好，不能运用的，说明观察、判断、选择差；

能运用的，说明球场上顾及的事情多，不能运用的，说明球场上顾及的事情少；

能运用的，说明胆大，不能运用的说明胆小；能运用的都有主见，不能运用的都没有主见。

我们要看运动员是哪一类的，并注意在训练中解决。

1.105　技术训练和意识训练结合在一起的训练，就是运用技术训练。

1.106　为什么足球训练的脚下功夫和技巧比篮球训练的脚下功夫和技巧多？那是因为足球只能靠脚盘带球过人，而篮球要靠手脚的协调配合完成过人。

但是，我们要认识到，不管是足球还是篮球，真正起过人作用的还是脚下功夫。区别是，足球是脚对球的控制能力，篮球是手对球的控制能力，二者虽有区别，但过人的规律是一样的。

所以，篮球教练员要向足球运动学习脚下功夫的训练经验，要设计出合理有效的脚步训练内容，只有手上功夫和脚下功夫都训练到位了，篮球运动的过人技术和技巧才会更加精湛。

1.107　很多球队在练习到一定程度后，就会遇到瓶颈。这里面有外因，可能是训练内容有问题，这需要改进和加强。但内心不强大，才是遇到瓶颈的主要原因。因此，我们在训练运动员时，必须做到内外双修。

1.108　在训练和比赛时，听到队友呼应，必须马上按指令行动，因为只有队友才能帮你顾全大局。

1.109　在训练和比赛时，不管你身体条件如何，都要学会利用身体。利用好身体可以帮助你保护好球，也能保护好自己，还能给对手制造麻烦。

1.110　在篮球场上，如果运动员不能随时看局、布局，就说明能力还不行。这种能力的培养需要很长的时间，但是，教练往往没有这种耐心，或认为没有必要，或认为耽误时间，或认为练也是白练。之所以这么认为，就是不明白磨刀不误砍柴工的道理。

1.111　在篮球场上，运动员静止时的观察容易，移动中的观察难，移动中再干其他事情时的观察就更难。

通过以上三种情况，就可以看出运动员实际具备的能力，也就知道运动员达到什么样的能力才是我们所需要的。

既然我们知道了，篮球运动项目需要运动员必须具备这种最难的能力，我们就必须培养这种能力。

可以根据运动员达到了什么水平来决定应该怎样培养运动员，应该用什么形式培养运动员，并在训练中给运动员建立和创造这种平台，给他们机会，使他们提高，这才是真正的培养运动员。

1.112　篮球运动就是把不同年龄、不同性格的人凝聚在一起，形成具有强大战斗力的集体。一致对外、无怨无悔，彼此衬托、互相促进，同甘共苦、共同承担，一起享受、一起拼搏，不管什么时候，遇到什么情况，都能一起扛的战斗集体。这就是篮球运动的魅力。

1.113　为什么说篮球运动成才率不高，这是有原因的。

第一，篮球运动是复杂反应的运动项目，对运动员各方面的素质要求比较高，有内在的，有外在的；

第二，篮球运动技术种类多，有进攻的，有防守的，而且还在不断地发展和创新，运动员要想掌握所有技术，并达到自动化阶段是很难的；

第三，篮球运动是集体项目，所以对运动员的管理、教育、引导、开发思路很重要，如果做不好，也影响成才；

第四，篮球运动是有位置分工的，每个队都不可能把所有位置的人一次性选得非常理想，不是这个位置缺人，就是那个位置缺人，这也影响成才率；

第五，就是训练方面的事情了，如果训练不当，不能因材施教，都会影响成才率。

1.114　篮球运动员在学习攻守技术时，需分四个阶段来完成，即泛化阶段、分化阶段、巩固阶段、自动化阶段。

泛化阶段是指大脑还没有对所练习的技术形成记忆，中枢神经系统对人体肌肉运动的指挥还不协调，还受以前所学动作和习惯的影响，这时技术动作做得慢，而且容易出现错误。

分化阶段是指大脑已经形成记忆，中枢神经系统可以指挥该运动的肌肉进行运动，但不熟练，这时如果做快了，还是容易出现错误。

巩固阶段就是熟练阶段，这个阶段所花费的时间最长，必须让运动员在快速攻防中，或复杂的情况下，或累的情况下，或对抗的情况下，或比赛的情况下反复练习，才能达到目的。

自动化阶段就是在运用技术过程中，能根据现场情况，随时做出所掌握的技术动作。这时，不管运动员做什么动作，都能随意转化所需要的技术动作并合理运用。

通过以上分析，我们就知道了篮球运动员要把这么多的技术练到炉火纯青，如果没有天赋和后天的合理培养，没有个人的努力和团队的支撑，队友的帮助，陪练合作等，几乎是不可能的。

所以，教练员要认识到，如果没有长期的坚持、合理有效的训练，是不可能培养出一名优秀篮球运动员的。

1.115　我们都知道，遇到不同的对手应采取不同的策略和技巧，更需要整体的配合。

如果运动员做不到，就说明他们的能力还不全面，经验还不足，应变还有问题，整体与个人的结合还不够完美，互相之间的配合默契还有很多不到位。

怎样解决？只能假设对手，多练习。

1.116　篮球运动项目确实受运动员的身高条件影响，但不绝对。

如果一名篮球运动员只有身高优势，也一样出不了成绩。身高只是篮球运动所需的条件之一，只能在其他条件和其他队相当或超越其他队时，才起作用。

因此，我们一旦有身高条件好的运动员时，也要全面训练他，让他发挥更大的作用，而不是一两个方面的作用。

1.117　美国篮球之所以进步更快，是因为他们更重视个体能力的培养。

大家都知道，个体能力越强，组合起来就会越强。然而，个体能力的培养很费时、费力，并要有大量的训练技巧、方法和手段。

在这些方面，美国已经走在前面，拥有一大批能够训练和培养个体能力的教练员，他们是美国篮球的中流砥柱。

现在，我们缺的就是这样的教练员，虽然我们尝试过请最上层的教练员，但他们并没有帮助我们解决问题。

1.118　运动员在球场上会不会运作空间，这是运动员优秀不优势的标志。优秀的运动员会把小空间运作成大空间，不优秀的运动员会把大空间也运作成小空间。

1.119　进攻没有把握的队、进攻能力不全面的队、依赖某个人进攻的队，才会出现等、稳、慢等现象。

原因很简单，进攻没有把握的队，要等队员齐了才能进攻，以便控制篮板，所以要等、稳、慢。

进攻能力不全面的队，就要放弃很多的进攻机会，选择适合自己的机会，而且选择很少，所以也会等、稳、慢。

依赖某个人进攻的队，打法单一，他不到位、他不拿球、他不进攻，球队其他成员就不知道该怎么办，所以也会等、稳、慢。

1.120　有人问我，在篮球比赛中，什么位置的人最容易出现投三分球的机会。我说：不管哪个位置，只要他投三分球不准，就容易出机会，因为防守者可以不防他。

以此类推，只要是你不行的地方，进攻时反而容易出机会。这样看来，容易出机会并不是好事，它只能给自己的队带来不利。

因此，我们在培养运动员的时候，就更应该培养全面型的运动员，争取在比赛的时候不发生这样的局面。

1.121　篮球运动不管发展到什么时候，对于一个队或个人来说都还有发展的空间，只是看你愿不愿意发展或提高。

原因很简单，就是不管是一个队或个人要想达到全面型的攻守队或个人，是很难的。它受各种因素的影响，有外因，也有内因，既有个人原因，也有集体原因。

如果教练员和运动员认识到了这一点，就会珍惜一切机会，不断地努力，成长进步就是必然的了。

1.122　篮球比赛会遇到很多对手，每一个对手都有各自的特点，如果我们不能适应各种类型的对手，比赛中就会很被动。

为了迎战各种对手，我们就要在平时的训练中尽量多练习一些内容，这叫有备无患。

同时，还有一个好处，就是所练习的内容多了，在比赛中，我们的变化就多了，对手也可能就不适应我们了。

1.123　篮球运动是集体项目，集体项目的特点之一就是互相帮助，能否达到互相帮助，是衡量一个集体有没有战斗力的重要标准。

在平时训练中，教练员要帮助运动员提高技战术水平，运动员之间要互相帮助共同提高技战术水平，运动员还要帮助教练员高质量地完成训练计划。

比赛时，教练员要帮助运动员了解比赛实局，帮助他们了解对手，帮助他们制定方案。运动员之间要靠互相帮助才能执行好比赛计划，并帮助教练员完成计划方案，以保证顺利完成比赛任务。

1.124　战略指导思想是随着形势的变化而变化的，战术的运用是根据战略指导思想所要达到的目的，以及我们自身的情况而制定的具体实施方案。战术的变化可以是多种多样的，但必须围绕战略指导思想所要达到的目的。战略指导思想确定之后，是不能轻易改变的。除非你的战略指导思想是不正确的。

1.125　篮球运动是选材标准最高的运动项目之一，对运动员的身体条件、运动能力、智力、心理等方面的要求非常高。

身体素质必须是全能型的，运动能力必须是超强的，智力必须是一流的，心理必须是强大的。

它必须把运动员练成眼观六路，耳听八方，一心多用，它必须把运动员的四肢练成各司其职，各尽其能，协调攻守。

不管是哪一方面不行，都会影响运动员成才。

1.126　我为什么总是强调进攻的重要性，而很少强调防守的重要性？

我并不是不重视防守，只是我知道一支球队如果进攻不好，是不可能练出好的防守的。只有进攻水平上去了，流畅了，有连续性了，队员有合理的思路了，有进攻各种防守的能力了，才有可能练出连续性的、有变化的防守。

因为没有变化多端的进攻，在防守时，防守队员经历就少，经历少的球队，经验就会不足，所以说，进攻会带动防守水平的提高，防守也会促进进攻水平的提高。

但要记住一个是"带动"，另一个是"促进"。没有带动发展就慢，没有促进提高就慢，随着运动员进攻思路和进攻技术的不断提高，更将促进防守水平的提高。

1.127　单项的竞技，必须是你个人有高水平的竞技能力，才有可能取得好成绩。集体项目的竞技，如果每个人都有自己的特点和特长，虽不全面，但如果能利用好或结合好，也能取得好的成绩。如果全面了，取得好成绩是必然的。

1.128　我认为，篮球教练员最难做的事情是训练、管理和育人；

最简单的事情是指挥比赛。

因为训练、管理和育人是长期的、艰苦的工作；而指挥比赛只是一场战役。

平时的训练、管理和育人工作做好了，到比赛时，只要做到合理使用人才和及时提醒就可以了。

平时的训练、管理和育人工作没有做好，到比赛时因无人可用或无内容可使教练员的指挥就很难。

所以，教练员一定要重视平时的训练、管理和育人工作。只有练到了，才能指挥到；如果没练到，指挥也没用。

1.129　不是所有的强队都能代表最先进的篮球理念，但是强队必然有它的风格和特点。不是所有的弱队都一无是处，但必然有它致命的弱点。要想成为强队，就必须通过不断的学习来完善自己。

1.130　什么是超前意识？就是别人还没有认识到的时候，你已经有意识地去认识，或在探索中，或在求证中，做别人没有做过的事，并找出更符合规律的途径。

有超前意识的人，就愿意探索、愿意尝试，最后总能有所发现，找出更捷径的路。

在篮球训练中也是如此，运动员在各个位置的能力可挖掘的潜力很大。只不过我们没有超前意识，没有创新意识，没有去探索，没有去尝试。

1.131　篮球运动的训练过程也是篮球运动的发展过程。

在篮球运动的训练过程中，我们会经历熟能生巧，巧能生变，变能生智，智能生新，新能生展的过程。这个过程通过循环往复，才会不断地向前发展，才会不断地创新。

1.132　篮球教练员和运动员的智慧，大多是对手给的。

这是因为篮球运动项目是对抗性项目，同时，又是集体项目。在对抗中，对手会给你出难题，你要想办法破解，所以说，你的智慧来源于对手。另外，集体对抗项目又需要集体的智慧，也就是集体配合。

所以说，我们不管在什么时候，都要感激对手、尊重对手。

第二部分

训练指导思想及发展趋势

2.1　在篮球运动训练过程中，每个教练员都有自己的思路。

思路不分好坏，关键是否具备条件。条件具备了，什么思路都可以；条件不具备，什么思路都没用。

因此，在训练过程中，要想完全体现出你训练思路的价值，就必须全力创造出条件。

2.2　用什么思路去带队？这是很多篮球教练员比较纠结的问题。

在培养人过程中，经常是顾了眼前，顾不了长远；顾了长远，顾不了眼前。从既得利益角度看，经常是顾眼前，不顾长远。

那么，这一问题怎样解决呢？首先，我们把训练看成是培养人，把比赛看成是使用人。培养人是为了比赛中的使用，比赛又可以检验训练的效果。

经过多次训练和比赛，教练员应该发现，在比赛中提出的很多要求运动员是做不到的。

这说明什么问题？这只能说明运动员的能力不够、不全面，这一问题只能在训练中解决。

由此，我们可以看出训练过程的重要性，并以此推理，与其出现问题再解决问题，不如提前全面训练。依靠全面训练的基础，才能在比赛中根据不同的对手，在比赛中灵活运用所练的技能。

2.3　篮球运动训练，是一件非常复杂和精细的工作。

它所包含的训练内容，是任何运动项目无法比拟的，因为篮球运动员所需的综合运动能力和技巧是最多的。既有个人的，又有集体的；既有体力消耗，又有脑力消耗，所以，培养出一名优秀的篮球运动员，需要很长时间。

在这个很长的运动训练过程中，教练员不要轻易浪费和消耗运动员的体能。为了提高体能，也要结合脑力劳动。

过多的单一体能训练和过多的单一脑力训练，都不适合篮球比赛规律。因此，在篮球运动训练的整个过程中，一定要把体力训练和脑力训练结合好。

2.4 强队与弱队的差距主要是看整体配合能力，而整体配合能力，必须建立在五个人的个人能力之上。也就是说，没有个人能力做基础，就谈不上整体配合。

好的球队都是用技术全面型的选手，尤其是中锋能里能外、能控制球、能攻善守、能助攻，在球场上的移动范围有时比外线还大，对破各种防守战术起了重要作用。

2.5 提高运用技术能力、建立基础意识是训练中的重点和难点。这方面做得好坏，是衡量一个教练员水平的标准，同时也会决定一个运动员的成长。因此，教练员要努力提高这方面的训练水平。

2.6 实践证明，篮球运动发展到今天，攻守范围日益扩大。争夺的面积越来越大，距离越来越远，所以，我们在培养训练时，一定要注意这方面能力的培养。

2.7 篮球项目始终是五人制的集体运动。现在，虽有半场三对三的比赛，那也是在五对五比赛的基础上发展起来的。所以，在训练时，我们一定要注意培养五个位置队员的全面能力。五个人的综合能力越强，这个队的水平越高。

因此，我们要在训练中下大功夫培养大量的全面型运动员。好处是：可用人才多，位置变化多，与对手五点相比，你有三点比对手强，你就占优势。

一旦有了全面型的运动员，他们能互相帮助，效果会更好。所以说，集体项目的训练，主要是训练出一个集体，而不是一个人。

2.8 集体项目的训练有一个共同的特点，就是互相之间的配合。这种配合要流畅、精准，如同流水作业，各有各的任务、职责。又不同于流水作业的一成不变，而我们的配合是角色互相转化的。

2.9 篮球运动规律始终没变。大家可以想想，流行过的三角进攻、跑轰战术、挡拆战术等，其实都是移动进攻战术的一种打法，都不能全面代表移动进攻的指导思想。

这些打法可能适合某些队，但是完成这些打法，也必须建立在运动员个人能力之上，没有个人能力，什么打法也不行，有了个人能力，什么打法都可以说是最先进的。

但是，我国篮球界进入了一个怪圈，一味地追求战术打法，却放弃了对运动员能力的培养。所以，真到国际大赛时，所有认为先进的战术我们都会，但就是打不出来。为什么？就是个人能力不足。

能力的培养是一个漫长的过程，有很多人不愿意坚持，总想在短期内用一两招儿解决问题。因此，造成我国的篮球水平越来越低。

如果花大价钱请来的专家，没有能够帮助我们解决问题，提高运动员的能力，他们只是使用运动员，只是练组合，不管能力达到与否，都这样练。

可以想想，这样做的效果能好吗？现在，真正需要我们认真思考的，应该是现代篮球运动需要有什么能力的运动员，需要什么样的教练员。把这个问题想明白了，还要脚踏实地干几十年，中国篮球才会有希望。

2.10　为什么篮球运动训练全场比例要比半场多？

一是全场训练包括半场训练内容，而半场训练内容不能包括全场训练内容。

二是能强化攻守转化意识。

三是能提高运动员跑动能力和意识。

四是全场转半场进攻或防守需布阵，能强化布阵速度。

五是攻守全面意识的提高，必须是全场练习才能解决。

六是符合比赛规律。

因此，我们在训练时，一定要重视全场训练内容的安排。

2.11　在篮球运动训练中，教练员需要注意的一点是：所有的掩护都要有挡和拆。我们现在打的挡拆战术只是掩护的一种形式，不管是中锋给有球外线掩护，还是运球掩护，或无球人之间的掩护，都要有挡和拆，这是意识训练，有挡就一定要有拆，这也是分散接应意识的训练。

2.12　在篮球运动训练中，教练员一定要注意语言的组织。语言要精练，让运动员能听懂；重点明确，让运动员知道怎么做；语言形容要形象，让运动员记忆深刻。

无关紧要的话少说，以免影响运动员的理解，用最简单的语言不停提醒重点要求，来强化运动员的记忆。

2.13　在练习强度时，最好是在对抗中完成，这符合篮球运动的规律。

因为是练习，可以自定规则，目的就是有连续性，尽量不要中断，在有速度的前提下，连续攻防几个来回，但不要太多，太多就没有速度和质量了。

一般情况下不要超过三个来回，可以多安排几组，以保证强度。

2.14　在篮球运动训练中，一定要注意训练内容的搭配。

比如说：练习运球了，就一定要安排全场一对一；练习切入了，就一定要安排半场一对一；练习切分了，就一定要安排二对二以上的分组对抗等，这样，有利于运动员快速掌握技术。

总之，练完某项技术后，一定要安排对抗练习，让运动员在实战中体会运用技术。

2.15　在篮球运动训练中，最难练的就是运用技术。因为运用技术一定要有观察、判断、选择、布局的思路和意识，没有这些内容在里面，就是盲目的练习，成效就不会大。

在练习运用技术时，一定要结合好基础战术意识和布局，还要结合全场五对五时的比赛规律，这样不管你练习什么内容，都不会影响运用技术能力的提高，而且这种能力的提高一定是有利于五对五比赛时的需要，可以保证训练时少走弯路。

如果不按此规律练习，就会出现前后训练内容脱节，前面练习的内容后面用不上，还要重新建立运用技术意识，这不但影响了训练进程，还会影响运动员的进步与发展，改变起来很麻烦。

所以，教练员一定要重视运用技术的训练，并按篮球运动规律去引导、去安排，以达到事半功倍的效果。

2.16　篮球运动的训练方法、手段、技巧、布局、攻守战术配合以及各种移动路线都好学，而且可以自创，但同时要知道，思路和要求最重要。比如：同是练习一对一，二对二，三对三，思路要求不一样，训练出来的结果也是不一样的。所以，我们真正需要研究的是思路和要求，只有这样才能跟上篮球运动的发展趋势，永远保持先进的思路和理念。

2.17　在篮球运动的全场练习中，学会了"多打少"的方法和技巧以后，就要多安排全场的"等打等"练习，因为"等打等"里面可以创造出"多打少"的机会。让运动员培养"多打少"的机会是自己创造出来的意识，这样才能建立快速意识。

2.18　在篮球运动训练中，培养运动员的全面能力很重要，更重要的是，我们的教练员要知道怎样才能培养出有全面能力的运动员。

首先我们要改变固有的训练模式与理念，让所有运动员在基础训练中，所学的内容一样广，练习的机会一样多，不分身高、不分位置、不分全场还是半场，都要移动起来打，让运动员在各个位置都有体验，这是培养运动员全面能力的最好方法。

真正练习五对五时，可以有位置分工。

2.19　练习接应时，首先解决的是空间问题，没有移动空间，就没有有效的接应，其次解决的是布局问题。

空间：一点接应不到，可以转移到二点，二点接应不到，可以转移到三点。这里面的技巧是：一点接应不到，就要拉开空间，让二点有移动接应空间，二点接应不到，也要拉开空间，让三点有移动接应空间。

布局：要时刻为接应空间服务，战术布局和人员布局不仅使接应空间要大，同时，球员之间还要很容易联系上，不管对手怎样防，都能很轻易地把球传出去，接到手，这样的接应布局才是合理的。

2.20　现在篮球比赛中，四号位、五号位面向篮筐的进攻技术运用越来越多，这是因为战术的需要，使四号位、五号位球员的接应范围和移动范围越来越大，如果不会面向篮筐的进攻技术，一旦拉出来，就失去了作用。所以，在训练时，一定要对高大队员进行全面训练，只有高大队员的技术全面了，才有可能适应比赛，对战术的灵活运用才有好处，这也是篮球运动的发展趋势。

而二三线的教练员更有责任和义务来完成这一任务，如果不能完成这一任务，这个运动员就很难成为全面型的运动员。

2.21　在篮球运动训练中，一定要让所有运动员学会观察场上局面。过去，我们只让后位观察，这已经不能适应篮球运动发展趋势。

不管是进攻的布局，还是防守的布局，都是移动变化的，如果不是所有队员都会观察局面，那么进攻和防守都很容易出现问题。

2.22　篮球运动的训练目的和指导思想应该是：遇到任何类型的球队和任何形式的防守阵型，我方都能流畅地进攻，而不是只能适应某些球队。怎样才能训练出这样的球队呢？就是要坚持快、灵、准、狠的训练理念，培养出大批优秀、全面的运动员。

2.23　在篮球运动训练中，有很多问题值得思考。

拿移动来说，田径运动员的跑步技巧和篮球运动员的移动技巧是不一样的。篮球运动，不管是进攻还是防守，需要的移动是进退自如，左右逢源，在移动过程中，上肢、下肢、腰腹、头颈根据场上情况，做出各种动作。

拿力量来说，篮球比赛需要对抗，对抗就要有支撑，因此，支撑力量的训练，对篮球运动员来说，就非常重要。篮球比赛还需要速度，有移动速度和动作速度。练力量时，就要解决动作速度。

举此两项说明，各类运动项目都有不同的特点，在训练过程中，一定要结合好本项目的特点，少走弯路。

2.24　篮球运动的训练过程，也是不断调整、不断修正的过程。

2.25　现代篮球运动训练，早已进入个体全面化阶段，我们进入了多少?

2.26　实践证明，给运动员多讲，不如让运动员多练。

讲只是让运动员知道应该怎样做，如果不练或者练得不够，运动员就不可能有这方面的技能。运动员只能靠多练习来掌握技能，哪方面练得多，哪方面就会提高得快，我们在训练中一定要把握住这一点，多练实用的内容，既让运动员知道为什么这样做，同时又能让运动员做好。

2.27　现在的控球技术有了很大的发展和变化，如果我们还用以前的训练要求来练习，就会浪费很多时间，效果也不会好。所以，教练员一定要根据篮球运动技术水平的发展趋势和前景来提高自己的教学水平。

2.28　在篮球运动训练时，一定要知道，练习什么技术有利于带动其他技术的提高。控制球、支配球的技术，也就是运球技术，有利于投篮和传球技术的提高，所以一定要下功夫练习运球技术。

2.29　在训练中，运动员最不容易改正的就是自己的习惯，这时候必须强化训练，使运动员改正不好的习惯，养成好的习惯。就是费时间，也要坚持改，因为有的习惯不改，会影响运动员的进步和发展。

2.30　所有对抗进攻练习，一定要按全场五对五的要求去做。
练习全场一对一时，要以推进为主；
练习全场二对二时，要以快下、快推进、快布局、快联系为主；

练习全场三对三时，要以快下，分散，快推进，快跟进补线，快布局，快联系为主；

练习全场四对四时，要以快下，分散，快推进，快跟进补线，中路插进快布局，快联系为主。

2.31　对于青少年来说，篮球运动训练，应像小学到高中逐步升级一样，全面打基础。包括基本功、基本技术；基础战术、基础战术意识；运用技术、战术的能力；学会各种攻防战术布局……这样有利于开发青少年运动员的智能，有利于他们深入了解篮球运动的发展规律，有利于他们长远发展，这个过程可以学得不精，但一定要学。

2.32　在篮球攻防技术训练中，应像武术一样，形成攻防一体化。教练员应意识到，攻防本身就是一体的，攻中有防，防中有攻。如进攻时要保护球，防守时要抢断球，在此基础上，形成了一整套攻防技术，而且还在不断创新和发展。攻防技术是如此，攻防战术也是如此。

2.33　磨刀不误砍柴工的道理大家都知道，但很少能做到，这就是急功近利的思想所导致的。所以，在平时的训练中一定要注意，运动员在技能方面缺少什么，就要多练习什么。如果不把这些技能练好，你练战术也没用，运动员的能力只能越来越单一化，从长远发展看一点儿好处也没有，这是教练员必须注意的问题。

2.34　篮球运动发展到现在，还是有局限性的，因此说，篮球运动还有很大的发展空间。

可以分析一下，目前不管是什么水平的队，分工还很明确，就是按能力分工，按位置分工，为什么会这样，这是由训练的指导思想所决定的。

我们始终没有按全面能力的方向去培养人，这样的结果就是运动员技术不全面，意识不全面，在用人时，必然会出现这样或那样的问题。

比如说，现在每个队的组织者都是后位，每个队的后位都是全队技术最全面的队员。我们为什么不能把其他位置的运动员也培养成后位的这种能力，因为在训练时没有给他们这种机会，所以他们不可能具备这种能力。

作为教练员必须要思考这一问题，如果你的队员都具备后位的能力和思路，那你在运作比赛时，是不是就会更容易。

所以说，我们不要总是怨运动员这也不行，那也不行，我们要想一想，在训练时，我们让他练习了多少内容，你没让他练习到，就不要怨他，要怨就怨自己。

我们的训练思路必须要有改变，就是对所有的队员都按后位的要求来培养。

2.35 要想尽快提高运动员的训练水平，重要的一条就是提高运动员的自我训练能力。

自我训练就是运动员按照教练员的要求和意图进行自我控制、自我要求、自我检查的过程；是把教练员的要求、意图付诸实际行动的过程；也是充分发挥运动员主观能动性的过程，从而使他们获得掌握和运用技术、战术的最佳状态。

2.36　在篮球运动训练中，运动员是训练的主体，教练员起主导作用，主导作用再好也不能代替运动员训练。因此，能否充分挖掘运动员的潜力，只靠教练员是不行的，必须调动运动员的主观能动性，开发他们的智能，使运动员认识到自己在运动训练中的主体作用，从而积极配合教练员工作，达到事半功倍的目的。

2.37　内外结合是篮球运动发展的规律，这种规律始终存在。

如果有些教练员认为自己的内线强了，就以内线进攻为主，而忽视外线的进攻，那就进入了运作误区，或者说是意识误区，也可以说是对内外结合的认识误区。这样的结果必然是打难度球，而不是打机会球，能不能有效运用内外结合的理论和实践，一看这个队的比赛就一目了然了。

通过看比赛，就知道这个队平时是怎样训练的，怎样要求的，如果这个队在比赛时外线有机会都不投，只是没有办法时才投篮，运动员投篮能准吗？信心能强吗？进攻能不犹豫吗？

内外结合的内容有很多，有把球传给内线进攻的内外结合，有切分的内外结合、有空切的内外结合、有投抢的内外结合，只要球能有效地里外转移，都可以说是内外结合。同时，所有运动员要知道，球不管以什么形式进入内线，有机会一定要进攻，遇协防保护，不好打时，一定会转移球。

要知道，在内线的进攻目的有很多，一个是进攻杀伤对方得分，一个是吸引更多的防守人，给同伴创造进攻机会，还有就是压缩防区，给外线创造投篮机会。如果一个队不是这样比赛，只能说明没有很好地运用内外结合的篮球运动规律。

2.38　以内为主的内外结合，是因为你的内线实力比对手强，所以要以内为主，内外结合。以外为主的内外结合，是因为你的内线实力不如对手强，所以要以外为主，内外结合。但都必须有内外结合，没有内外结合，打法就会很死板，对方就很容易防住。

2015年亚洲男篮锦标赛中国对韩国的比赛就是很典型的例子，中国队是以内为主的内外结合，韩国队是以外为主的内外结合。

2.39　在训练时，一定要让运动员学会打机会球，建立内外结合的意识和打法。如果不这样要求和练习，运动员就会按自己的强项来练习，弱项就不会提高，对于个人和以后的比赛都没有好处。

运动员掌握了内外结合的打法，可以变得技术更全面、意识更全面、能力更全面。

2.40　弱项技术的提高，可以促进强项技术的发挥。

比如，投篮准的运动员，如果不会突破，防守人就很容易防住你；如果学会了突破，防守人就很难防住你，你可以根据机会选择投篮或突破。

会突破的运动员，如果不会投篮，防守人也能很容易防住你，如果你投篮水平提高了，就会更有利于突破技术的运用。

2.41　篮球比赛不管你用什么方式的内外结合打法，都需要运动员有相应的能力，如果没有相应的能力，内外结合就只能是一种想法了。

训练中，我们要练出各种方式的内外结合打法，比赛时，我们就可以根据对手的情况，选用不同的内外结合的方式。

2.42 内外结合的打法是篮球运动的规律，形式很多，关键是教练员有什么样的思路，思路广，设计出的方法就多，思路窄，设计出的方法就少。

同时，内外结合的打法及思路不只是在战术训练中才有，在所有对抗训练中都应该体现出来，在"等打等""多打少"时也要内外结合。

2.43 看看高水平的世界级比赛和NBA比赛，四号、五号位球员和高大球员的技术能力，就知道我们现在的训练水平了。

随着战术的发展、进攻空间和范围的扩大、内外结合形式的变化，对四号位、五号位球员的要求越来越高，必须要能里能外，但是我们没能解决这一问题，因此，我们在运用战术时，就有局限性。

各种战术的进攻形式和路线，现在已经无法保密，每个队都可以学到，然而，如果球队运动员的能力达不到战术所需要的变化，教练员用这个战术时，就不能完美地演绎出这一战术的变化精髓。

所以说，我们现在学了很多战术配合内容，即使是世界高水平队的战术，我们都会，但是并没有帮助我们提高篮球水平。

这是为什么呢？还是运动员的能力不行，现在不只是一两个位置与世界水平有差距，而是所有的位置都有差距。

我们必须反思，必须改进训练思路。

2.44 训练有两个目的：一个是巩固强项，另一个是提高弱项。

巩固强项容易，提高弱项困难，但是，在训练中，必须想办法提高运动员的弱项或全队的弱项。

提高弱项，有利于强项的发挥，有利于逐步完善运动员和全队的各种能力。弱项只能在训练中提高。

2.45　有效的训练就是看教练员是否用大量的时间培养运动员的各种能力，而且看运动员的各种能力是否提高得快，如果不快，或很长时间没有提高，就不能说是有效的训练。

作为教练员要知道，什么是有效的训练，怎样衡量，更应该知道怎样去做。

2.46　教练员在训练中一定要多安排全场二对二、三对三、四对四的训练内容，而且必须是全场人盯人防守，还要多打几个来回，这些内容的训练，有利于运动员全面能力的提高。

在练习这些内容时，一定要教会运动员互相之间的联系，一定要教会运动员基础战术配合的内容，让所有运动员知道在什么情况下自己该做什么事。

通过练习这些内容，来提高运动员控制球、支配球的能力。

提高布局和利用空间的意识和能力。

提高球员之间有机配合的意识和能力。

提高攻守快速转化的意识和能力。

提高全场范围内的观察、判断、选择的意识和能力。

提高顶抢、冲抢篮板球的意识和能力。

提高一传、分散、接应、快下、推进的意识和能力。

提高运动员创造出"多打少"的机会和能力。

提高运动员有球时是进攻者和组织者，无球时是牵制者和接应者的意识和能力。

提高运动员不分位置，在什么位置都会打的意识和能力。

提高运动员快速跑动和快速技术运用的意识和能力。

提高运动员内外结合的意识和能力。

提高运动员运用多种内外结合的方式和技巧的意识和能力。

作为教练员必须要知道，用什么样的训练方法和要求才能提高运动员的各种能力。

2.47　一个队在比赛中，如果进攻不行，队员就会没有信心；如果防守不行，就会遇弱不强。所以，在平时的训练中，一定要两方面都抓好。

在抓攻防的训练中，首先要抓进攻，因为没有好的进攻，就不可能练出好的防守。另外，抓进攻的目的是增强运动员的信心，一个没有信心的球队，你再抓什么也没有用。

抓进攻的同时，也要强化防守，以防促攻、以攻带防。平时我们练习进攻的技术和脚步多，这没有关系，但是在对抗训练中，一定要强化防守。

攻防水平的提高只能是在对抗中提高，一定要多安排对抗训练，不同水平的运动员都可以安排对抗训练，只有在对抗训练中，运动员才能提高得快。

2.48　篮球训练本身并不难，难在你不会练，或没有耐心练。如果是不会练，那就会浪费很多时间。如果是没有耐心，将前功尽弃。

篮球训练围绕的主要内容，就是各种能力的培养，哪方面的能力不行，就要练哪方面，基本功、基本技术、基础战术配合、基础意识、实用和常用的技术等必须坚持长期练。不管你到了什么层次，都不能脱离能力培养。

在这个过程中，最难练的就是技术的运用。如果教练员不花大量时间，让运动员提高运用技术的能力，训练就是浪费时间。

可以想想，很多业余选手的水平都很高，他们没有专业教练员的指点，但技术水平并不低，这是为什么？就是他们只要自己训练，就会和球结合，就会和对抗结合，他们从中练出了很多灵性的东西，这是我们专业队比不了的。因此，教练员不要小看业余选手，要从中找出可以吸收的东西，来完善专业队训练的内容。

业余选手的训练是不受控制的，自由发挥的，是富有创造性的，富有想象力的，技术动作是千变万化的，不按常规的。

反观专业队的训练，受限制的内容太多，影响了运动员的灵活发展。这不是说限制不好，而是要研究怎样限制。如果专业队培养出来的运动员，还没有业余选手有灵性，那就实在说不过去了。

篮球运动的进攻技术和技巧已经发展到非常人性化的阶段，也就是说，只要有成效，怎么做都可以。如果专业队的教练员还是按老思路去练习，那一定不会成功，所以，专业队的教练员一定要有危机感。

现在的孩子如果想学篮球，在哪儿都能学。看视频可以学，看比赛可以学，作为教练员是不是也应该不断学习？我们应该做到，业余选手会的内容我们会；业余选手不会的内容我们也会。

2.49　篮球运动员在提高投、突、传、运、切技术综合运用过程中，一定要在二对二以上的对抗中完成，随着水平的提高，一定要加人数。

因为运用技术时，首先要观察和判断，然后是选择。人数多，就给观察带来了难度。难度就是，观察的点多，面儿广，范围大，而且目标是移动的。只有建立这样的平台，运动员综合运用技术的能力才能提高得快。

此外，篮球运动是集体项目，是需要配合的项目，是需要技术和战术完美结合的项目，所以，教练员更应该重视多人对抗练习，这种练习的比重一定要大，而且一定要有内容要求：随机的内容、基础战术配合的内容、本队特有的战术配合内容。

最好是安排全场的对抗，如果不熟悉，可以安排半场训练，一旦熟悉了，就要安排全场。

2.50　在训练中，如果一个运动员进攻太多，而其他人不进攻，这就是不合理。

在训练中，教练员一定要所有的人都参加进攻，学会在进攻中给同伴创造机会，学会有球无球都会进攻，这样做才是整体进攻，也只有这样做才能培养出整体进攻意识。

教练员要记住，训练就是在提高运动员的全面能力。

2.51　不管是"多打少"，还是"等打等"，只要是前面有防守人，就要减速，用频率调整脚步准备变向过人，或错位传球。

另外注意，"多打少"和"等打等"的快下，接应、推进、分散是一样的，进入半场的进攻要求也是一样的。

不一样的地方是，"多打少"更容易创造出机会，只用分散、背插、切分、投篮就可以了。而"等打等"的进攻内容就要多一些，除了以上内容，还要加挡拆、策应、掩护、运球掩护、策应掩护等内容。

2.52　在训练过程中，教练员一定要知道，每一项内容的安排都是有目的的，都是要提高或改正某些技能或意识的。如果没有目的，你就不知道怎么要求运动员。

2.53　在运用技术的训练中，一定要强化运动员在移动中或个人进攻中观察全局的意识。这点很难练，我们必须要建立这样的平台、场景，让运动员有机会、有意识、有目的地长期练习，这样才能提高这种能力。

2.54　在比赛中或训练中被逼出来的技术动作，往往是最实用的技术动作。

教练员在训练中一定要研究这些技术动作，并尽快把这些技术动作和技巧或认为不正规的技术动作和技巧当作正规动作来教，这样，运动员在运用技术时，才能有更多的选择。

现在的教学训练内容已经和以前有了很大的变化，训练技术、技巧的要求也有很大变化，如果不能及时跟上，我们将会落后很多。

2.55　在练习假动作时，运动员不要认为它是假动作。实际上每个动作都是真动作，假不假只有自己知道，这样做出来的动作才能假中有真，真中有假，让对手不好判断。

在训练中，有些运动员在练习假动作时，总是不到位，动作幅度小，重心控制不好，脚下移动不了，手脚不协调，让人一看就是假动作。一定要注意这些问题，让运动员把所有的动作都做到位。

2.56　半场三人练习进攻空间意识，是一个很好的练习方法。

它结合了基础战术配合的内容，有空切、有反掩护、有突破后背向篮筐急停传球，有突破不成功后接运球掩护，有连续切分接应，通过这些内容的练习，能让运动员知道空间的重要性。

这里面有给持球人拉开进攻空间，给无球人拉开接应空间，有掩护后的分散接应，使运动员知道持球时自己是进攻者和组织者，无球时自己是牵制者和接应者。

同时，还知道了运用技术的时机和方法，什么时候做什么，有球时自己该怎么做，无球时自己该怎么做。能够增强集体配合的意识，在无战术配合的情况下，也能打出配合，并给真正的战术配合打下意识基础。

青少年运动员一定要多练习这些内容，如果成年运动员意识不强，也应练习这些内容。

2.57　在训练中，任何水平的运动员都应加大对抗训练的内容。

教练员可以安排不同内容的对抗训练，让运动员在对抗中体会技术动作的规格，以及为什么这样做，以后在练基本技术时，运动员就会有目的地要求自己了。

随着技术水平的提高，对抗内容要逐渐加多，这是训练规律。如果徒手训练和无对抗的训练时间太长，就会影响运动员的进步速度。

2.58　只要是攻守对抗训练，就要强化防守。

不管是"多打少"，还是"等打等"，都是如此。因为没有积极的和高质量的防守，就练不出高质量的进攻。

在"多打少"时，要求防守队员内外都要防。①练积极性。②可加强区域联防时的内外跑动速度和意识。

在"等打等"时，要求防守质量高。①可以使进攻队员的进攻方法增多。②可使攻守水平共同提高。

2.59　在训练青少年运动员时，不能只在快攻时才要求分散、接应。应该在"二对二"以上的对抗训练中，都要求分散、接应，尤其是半场进攻运用分散、接应更多。

分散、接应不是一个人的事，而是全队的事，所以，每个人都要学会分散、接应。

分散、接应不只是能力问题，还有意识问题、空间问题，以及观察、移动问题等。

我们过去的训练，在这方面要求得不够，现在应该加强。

2.60　在训练中，强化青少年运动员分散、布局、接应的好处是：

（1）可以提高运动员观察全局的意识；

（2）可以提高运动员移动跑位、补位的意识；

（3）可以提高运动员不重位、不密集的意识；

（4）可以为战术训练打下良好的意识基础；

（5）可以为运用技术提供有利条件和空间；

（6）可以训练出全面意识型的运动员；

（7）可以使运动员有目的地在球场上行动；

（8）可以提高运动员互相联系的意识和能力；

（9）可以使运动员养成互相帮助的意识；

（10）可以使每个在球场上的运动员都有作用；

（11）可以使球很流畅地转移；

（12）可以使运动员克服懒惰和不愿移动的习惯；

（13）可以提高运动员靠集体打球的意识等。

既然有这么多好处，教练员就必须重视这方面的训练。

2.61　篮球运动员为什么要长期坚持基本功和基本技术的训练？
因为篮球运动项目的技术种类多，有进攻的，也有防守的。在练习这些技术时，如果达不到自动化，就不可能会运用。

运动员在学习攻守技术时，是分四个阶段来掌握的，即泛化阶段、分化阶段、巩固阶段、自动化阶段，只有达到自动化阶段，运动员才有可能将技术运用到比赛中去。

有些运动员在整个篮球生涯中，对一些技术的掌握都没有达到自动化阶段，所以他们的水平就不可能高。

以此推论出，在篮球运动训练中什么是重点，什么训练内容需要花大量的时间，什么训练内容应该所占比例最大。当我们把这些问题弄明白了，训练就有目的了。

2.62　篮球运动对进攻和防守的体能要求很高，不管是进攻和防守都要消耗很多体能。因此，篮球运动的发展趋势必将是各球队想各种办法节省体能。

在进攻和防守中，从哪些方面可以节省体能呢？答案是从阵地战进攻入手。很多阵地战进攻的移动是没有威胁的，是为了打战术而打战术，既消耗了体力，效果又不好，这些内容肯定会被各队淘汰。

因此，以后各队的进攻战术布局会更加简单明了。

2.63　在训练中，教练员在提高运动员某种能力的时候，不要和运用结合起来，就是单纯提高某种能力。因为这种能力提高了以后，对运用有好处，所以才要提高它。

比如说，在个人防守练习时，要提高运动员的堵截能力，没有人帮他，就是自己防守，这时的要求就是堵截，前后左右都要堵截，这是为了练习堵截脚步以及堵截能力。如果堵一边，放一边，就练不出来堵截脚步。

在运用过程中，我们可以千变万化，但在提高某种能力的时候，我们一定要专一，其他训练内容也是如此。

所以，教练员一定要分清楚，提高某种能力和运用的关系，这样才能在训练中提出合理的要求。

2.64　没有各种能力的积累，就谈不上运用。

各种能力是靠一个一个练出来的，道理很简单，有了才能用，没有用什么？

我们在训练和比赛中经常出现，有了不会用，没有时，反而用。

我们经常发现，同是一种防守，同是一样的要求，有些运动员做得好，有些运动员做得不好，原因就是能力上的差距。

2.65　在训练中，每个教练员都有自己的想法和思路，因此，会有不同的要求。

每种练习方法和不同的要求都有可取之处，关键是运用。

根据对手的情况、本队的情况、不同年龄阶段的情况、比赛的需要而运用，根据训练所要达到的目的而运用，根据为提高某种能力而运用。

总之，一定要学会根据实际情况，来决定我们的要求和策略，这也是篮球运动的魅力所在，之所以有这么多人喜欢，就是因为它的变化多端，它的高深莫测。

2.66　训练某种能力时，对抗的人员可以少；训练综合技术运用时，对抗的人员可以多。

比如说，一对一就是练习个人的攻守能力，二对二以上的训练就应该是综合技术运用的训练。

再比如，传球练习，可以二传一、三传二、四传三、五传四，就是单纯的传球练习。

传球和投篮的练习也可以二人传球投篮，一人防守，传球的次数要有限制。三投二可以，四投三、五投四也可以。练习传球的能力和传投的能力最好就是"多打少"，因为它还是某种能力的练习。

只有切、传、投同时练习时要"等打等"，因为它是综合技术运用练习。当然也可以"多打少"，只不过难度小点。

2.67　在比赛过程中，我们会遇到以下几种情况：实力比对手强、实力和对手差不多、实力不如对手。

实力比对手强，分为内线比对手强或外线比对手强，或内外线都比对手强。实力与对手差不多，分为内外线都差不多，或你内线强，对手外线强，或你外线强，对手内线强。实力不如对手，分为内外线都不如对手，或内不如对手，或外不如对手。

在这几种情况下比赛，教练员就要讲究策略了，根据不同的对手，采取不同的策略，这是必然的。

通过以上分析，教练员就知道了，为什么在攻守练习中有那么多的内容；为什么可以这样，也可以那样；为什么每一个教练员都有自己的思路；为什么每个球队换一个教练员，训练的要求就有所变化。这是因为每一个教练员所重视的内容是不一样的，所以，对运动员来讲，没什么可大惊小怪的，你按教练员的要求去做就可以了。

因为，每一位教练员的要求都是有道理的，但同时要知道，不一定是万能的。既然不是万能的，我们是不是应该讲点策略呢？策略本身就是让你学会运用，在运用过程中获得最大利益。

2.68　篮球运动员在整个运动生涯中是从简单过程到复杂过程再到简单过程。

简单过程是指每个技术都要单独练好，虽然技术种类很多，但在单独练习的情况下，难度都不大。

复杂过程是指技术和意识的综合运用，这里有观察、判断、选择，有技术的熟练程度，有思路、心理、身体素质等因素的影响，所以难度较大。

再到简单过程是指运动员已完全能够随意运用。

2.69　在训练中，教练员也有顾此失彼的感觉。这是因为运动员在一段时间内，多练什么就会提高什么。在提高这些内容的同时，会对以前所练内容有所忽略，这是正常现象，说明运动员还没有完全形成习惯，还不熟练，还要反复训练。这个过程是很长的，因所需练习的内容太多了。

2.70　篮球训练和比赛中的稳是指快中求稳，乱中求稳。教练员在平时一定要多安排快中求稳和乱中求稳的训练内容。

2.71　不同的训练方法和手段，可以解决不同的问题；相同的训练方法和手段，如果要求不一样，同样可以解决不同的问题，也可以发生很多变化。所以，要求是最重要的，要求有变化，内容就有变化。比如说，同是人盯人防守，同是区域性防守，同是一样的攻守阵型，如果要求不一样，它的变化绝对是不一样的。教练员需要研究的就是这些内容。

2.72　队员经常问我：你的要求为什么总是有变化？我说：你们在不同的水平时期，会有不同的问题，所以要求有变化；我的认知水平也在不断提高，所以要求有变化；篮球运动在不断发展，所以要求有变化；每个对手的情况不一样，所以要求有变化。

总之，要求的变化，是为了解决问题，是为了适应发展，是为了球队创新，是为了探索发现，是为了找出解决问题的最好方法，是为了让对手不适应你，是为了让对手赶不上你，是为了永远有超前的思路和意识，是为了促进篮球事业的发展，等等。

2.73　为了适应、限制各种对手，教练员在各种攻守布局和战术训练时，有很多不同的要求，这是运动员很难适应的，有能力问题，有意识问题，有习惯问题。

不管是什么问题，教练员都要强化训练，这是训练过程必须走的一步，运动员只有练好了在不同要求下的转化和合理有效的运用，运动员才算是有能力了。

通过这些不同要求的内容练习，运动员既长了见识，又长了经验，在比赛中不管发生了什么情况，在训练中都经历过，他们就不会紧张，就会思路很清晰地打比赛。

因此，教练员应该尽量让自己的队员在训练中长见识和多经历，有可能的情况下，要比其他队多，如果有创新，就更好了，那就会让其他对手不适应你。

2.74　随着篮球运动水平的不断提高，对防守队员个人能力的要求也越来越高，必须里外都能防、大小都能防，最起码要做到都会防。

这是掩护换人必须具备的条件，如果不具备，换人就没有什么意义。

现在，各位置上运动员的进攻水平提高很快，都能里能外，促使各位置上防守队员的防守水平也有提高，这种趋势是不可逆转的，因此，我们必须学会怎样培养全面型的攻防运动员。

2.75 篮球运动员在观察全局的基础上还能做出坚决、果断、合理的选择，说明他是一名成熟的队员。

在这个成长过程中，运动员会出现顾此失彼的现象，也就是顾了观察全局，就顾不上其他行动，顾了其他行动，又没有了观察。所以，教练员一定要让运动员多练习在行动中的观察能力。

2.76 很多运动员在运用技术时容易失控，表现在明知已错，但收不住动作，只能错上加错。

好的运动员，能在错中及时调整，变不利为有利。

这都与观察及能力有关。

2.77 对每一个运动员来说，训练和比赛是应该有分别的。

训练要巩固自己的强项，提高自己的弱项。比赛要发挥自己的强项，不暴露自己的弱项。尤其在关键的比赛中，更应如此。

有些运动员并没有认识到这一点，往往在关键时刻，给队里带来损失，导致输掉比赛。

2.78 要让运动员知道，平时的训练是为了提高自己的弱项，可以多控制球，支配球，该谁打就谁打。

但比赛时，如果自己某方面的能力不行，就一定要让能力强的队友来控制球、支配球，避免给队里带来损失。

2.79 赛场上，不要把快攻中的布局复杂化，不管是"多打少"还是"等打等"，布局应该是一样的，都是快速分散接应。

我不管你有多少人防守，我的进攻布局就是一线有边线推进、快下、接应、冲击的任务，二线有推进、冲击、接应、联系的任务，三线有跟进、补线、接应的任务，四线和五线的任务与三线一样。

只有分工明确，在练习全场一对一、二对二、三对三、四对四、五对五时，才能要求统一，才会不走弯路。

2.80　半场的防守是随着进攻的变化而变化的。

随着进攻距离的逐渐放远，进攻的范围逐渐扩大，防守的范围也随之扩大，这就是规律。

教练员的思路要跟上，要提前思考怎样适应这种变化趋势，提前制订出有效的训练计划，以应对变化趋势的需要。

2.81　现在谈谈攻守范围变化的具体内容。

教练员要思考的是，首先，一旦对手的防守范围扩大了，应该怎样进攻。

其次，对手的进攻距离放远了，进攻范围扩大了，应该怎样防守。

在此基础上，我们要思考，练习运动员什么样的能力，才能适应这种发展变化。

通过进一步分析，我们就会了解到，防守范围扩大，进攻范围就会扩大；反之，进攻范围扩大，防守范围也会扩大。

在进攻和防守的空间都扩大的情况下，对于进攻来说，有利于突破，有利于个人进攻，但不利于联系。对于防守来说，不利于协防、补位和密集防守，但容易破坏对手之间的联系。

通过以上分析，我们应该看出来应该怎样训练和培养运动员了。不管是进攻还是防守，对运动员的个人能力要求会越来越强，而且是参赛的运动员都要强，如果不强，就不可能适应这种发展变化。

2.82　篮球运动发展到今天，最突出的表现就是运动员全面能力的提升。

大家可以看出来，与以前相比，控球高手越来越多，而且控球水平越来越高；全面型的选手越来越多，而且是什么位置都能打；能里能外的选手越来越多，而且是攻防都可以。

以前是我们做不到，或没有认识到，而且各个队都在培养单一型的运动员，大家都还能应付比赛。但是现在不行了，今后就更不行了。

我们能充分认识到这一点，对篮球教练员和运动员都很重要。教练员认识到这一点，就知道自己必须学会培养全面型的运动员；运动员认识到这一点，就知道自己只有成为全面型的运动员，才能立足于篮坛。

2.83　在今后的篮球运动训练中，如果从训练和培养运动员个人能力的角度出发，我们需要大量的能培养篮球运动员全面能力的教练员。

现在，这样的教练员太少，尤其是基层就更少。如果不解决这个问题，将影响中国篮球运动的发展。

虽然我们认识到了篮球运动必须从娃娃抓起，但我们的师资力量还跟不上。

如果没有大量从事培养娃娃的、有能力、有水平的教练员，我们的篮球水平还是上不去。

因为，普及了并不一定能提高，只有高水平的普及，才是真正的提高。

2.84　篮球运动训练为什么要从娃娃抓起？我们都知道篮球运动项目技术种类多，必须经过多年训练才能掌握，所以要从娃娃抓起。

另外，篮球运动项目需要篮球运动员有很高的灵活性、协调性、柔韧性，以及手对球的触觉和控球时的脚下移动等运动能力。而这些运动能力，都是从儿童到青少年成长发育的十几年时间里形成的，如果过了培养这些素质的敏感期再培养，效果就不好了。

2.85　孩子的训练，一定要以个人能力的培养为主。一定要多结合球的训练，以技术技巧为主，这样做的好处是，孩子们既有兴趣又提高得快。

但最关键的是在孩子们的生长发育阶段必须练习这些内容。

2.86　训练是为了更合理地应用和更有效地实战。

从这点出发，我们就应该知道怎样学习、怎样观摩、怎样训练、怎样思考、怎样发现问题、怎样调整思路、怎样探索创新、怎样调整改革训练内容、怎样提出要求、怎样不断转化要求。

这些内容如果不努力、不用心、不追求、不思考、不多问几个为什么、不用辩证的观点看问题和分析问题、不归纳总结是办不到的。

必须从实践中来，再到实践中去，经过反复实践、认识，再实践、再认识的长期积累才能达到。

因此，说一切从实战出发，不是一句空话，而是运动员在实践过程中所要达到的目标。

2.87 教练员在抓训练时，一定要抓住主要矛盾，根据要解决的问题提出要求，如果你提出的要求不能解决问题，或解决得不好，那就说明你提出来的要求不合理。

在训练中，教练员容易犯的错误就是"胡子眉毛一把抓"，结果是什么也没有抓好。

在训练中，我们应该做到抓主要想解决的问题，比如说抓快，你就强调快就可以了，这时候出现失误是正常现象，如果你为了不让失误，而慢下来了，就失去抓快的目的了。

再举例说明，有些训练内容是要求快中求稳，快了不稳不行，稳了不快也不行，但是不能破坏技术动作结构，如果破坏了技术动作结构，那就练不出来快中求稳，我们在训练快速中的移动投篮和强度投篮就容易出现这些问题，所以教练员一定要引起重视，否则练得越多效果越不好。

其他的训练内容也是一样，我们一定要想办法提出合理的要求，这样才能促进训练。

2.88 在以前的训练中，我们最大的错误就是没有按照全面意识和全面能力去培养我们的运动员，所以，付出了惨痛的代价。

如果我们还不重视和改进训练模式，将会付出更大的代价。因为一代代的运动员受这种训练模式的影响太深了，他们走上教练员的岗位之后，除了这种训练模式，已经不会其他训练模式了，甚至不认可其他的训练模式，这就是最可怕的地方。

2.89　篮球运动员学习的所有技术都与手上功夫、脚下功夫以及核心力量的合理运用有关，要下大功夫来练习这些内容。

在练习这些内容时，要让运动员知道，有些是实用技术，有些是辅助练习。

辅助练习的内容主要是提高运动员的灵活性和协调性，以及核心力量的合理运用，对实用技术的掌握与运用只有好处，没有坏处。

但是，就怕运动员在实际运用中，把所练习的内容复杂化，所以我们要强化运动员建立一种意识，就是在运用技术时一定要简单化，越简单、越快速效果就越好。

2.90　对于青少年来说，篮球运动训练大部分都是培养能力的训练。

在训练过程中，教练员不应该给他们分位置，该什么位置就打什么位置，而且位置一定要有轮换，让他们对一号位、二号位、三号位、四号位、五号位都有体验，要明白到什么位置应该干什么事情。

只有这样的训练，才能提高运动员的全面意识和全面能力。

这样训练的好处是所有运动员所练习的内容是一样的，想的事情和体验的事情也是一样的。

不利的方面是学的内容多了，练习的难度就相应加大了。

在此训练的基础上，教练员可根据需要，临时安排一号位、二号位、三号位、四号位、五号位。

2.91 篮球运动训练和比赛始终是攻守双方的斗智斗勇。

和军事战争一样，在斗智斗勇的过程中，攻守双方都有战略指导思想，战略指导思想又是靠具体的战术打法来体现的。

怎样才能体现出本队的战略指导思想，这就要看这个队的能力了。能力强，在执行战略指导思想时的具体战术打法就可以灵活；能力不强，在执行战略指导思想时的具体战术打法就不可能灵活。

有了合理的战略指导思想并不是什么事都能解决的，战术任务完成的好坏，以及灵不灵活，都是由能力决定的。

因此，在平时的训练和比赛中，教练员制定好战略指导思想以后，主要的任务就是围绕战略指导思想所要达到的目的，来制定具体的技战术打法，并根据具体的技战术打法来培养运动员的能力。

2.92 为什么在传球练习中，要大量增加后控球的传球练习？原因有很多：

（1）篮球是对抗性项目，运动员只有保护好球，才能传好球，所以，要学会后控球传球。

（2）传球必须有速度和远度，后控球在单手传球时可以合理地发力，能够解决速度和远投的问题。

（3）传球需要隐蔽性，后控球就可以提高传球的隐蔽性。

（4）后控球传球的出球点多，上下左右都可以把球传出去。

（5）后控球传球错位大，可以在最宽点和最高点出球，使防守人不容易断球。

（6）传球高手都会运用后控球的传球技巧。

（7）这是篮球运动员必须掌握的一项技术和技巧。

有这么多的好处，所以，我们必须要在训练中增加后控球的传球练习。

2.93　现在的篮球比赛对抗性越来越强，所以，保护好球的技术就显得越来越重要了。

那么，现在的篮球进攻技术和技巧与以前有什么不同？有了哪些发展与变化？我认为最大的变化，就是后控球的技术和技巧。

现在，不管是运球过人的后控球技术与技巧，还是传球的后控球技术与技巧，以及投篮的后抄球技巧，在比赛中都已被普遍运用。

背向进攻的起动与正面进攻的起动，在速度上已经没有什么区别。随着后控球技术与技巧的发展，以及背向脚步的运用，篮球运动员的脚步越来越灵活，内容也越来越丰富了。

如果我们不能提前练习这些内容，或还没有认识到，我们的篮球水平与世界先进水平还会进一步被拉大。

2.94　在防守挡拆时，现在运用的有几种方法：挤过、穿过、绕过；换人、夹击、延误。

这里面，最不好用的就是穿过，因为在运用穿过时，己方的中锋要给同伴腾出来穿过的空间，但同时，也给对方的掩护中锋腾出来了移动空间，对方的中锋可以利用后转身的要位技术把穿过的人挡住，这时因防守中锋后撤腾空间，也无法帮助同伴防守对方的控球队员，致使对手很容易投篮。

但最关键的还是，运用"穿过"来防守挡拆没有一点攻击性。

2.95　在防守挡拆时，运用挤过、穿过、绕过；换人、夹击、延误方式的好处有如下几个方面：

（1）所有这些内容的防守都要求防守中锋必须靠近掩护中锋，以利于帮助自己的同伴。包括运用"绕过"时，防守中锋也要挤住掩护中锋，尽量缩短绕过的距离。

（2）防守中锋的靠近，使防守更具攻击性。

（3）防守中锋的靠近，使这几种防守更容易交替使用，使对手无法预判。

（4）因为要求近似，所以练习这几种防守时比较容易，可以同时练习。

（5）因为始终要求中锋靠近防守，可以提高中锋防守的积极性，克服懒惰，加大移动距离。

2.96　现在的基础训练，我们精减的内容太多了，很多该练习的内容都已经不练了。由此，造成运动员的技术运用能力和篮球意识水平不高，阻碍了运动员的长远发展。我认为，篮球运动的基础训练内容，随着篮球运动的发展，不但不应该减少，反而应该增多。

2.97　不管篮球运动员到了什么层次，都离不开基础训练的内容。

因为篮球运动本身就是用基础训练的内容组合起来的整体变化，也可以说，是用基础训练的内容训练出来的能力，来完成整体攻防变化的。

篮球运动看似千变万化，其实是万变不离其宗。它离不开基础的投、运、传、抢、堵、断、封、追；离不开基础的攻防空间意识；离不开基础的攻防技术的综合运用能力；更离不开基础战术配合的内容和运用意识。

如果这些内容都没有练好，运动员是不可能发展到高水平的。

2.98　习惯动作或是错误动作，已经形成了肌肉运动记忆，所以改起来很难。

要想改变肌肉运动记忆，就要靠意志力长期坚持，同时，还要靠意志力来强化正确的动作规范。

只有做到这两点，才有可能改正不好的习惯或错误的动作。很多运动员长期改不了自己的习惯动作或错误动作，就是没有做到这两点。

2.99　篮球运动员必须学会一心多用，眼、脑、嘴、耳、手、脚必须学会分工合作，既各干各的活儿，又要彼此呼应。

运动员在运用技术过程中，要在移动中观察、判断、选择、行动。要在完成好自己任务的基础上，或听队友的号令，或提醒队友防守，或帮助队友进攻。

在这个过程中，运动员的眼、脑、嘴、耳、手、脚是没有闲的时候，如果闲了，运动员就起不到应有的作用。

我们要想运动员有此能力，就必须有目的地长期训练，不长期的、系统的训练，无法达到这个目的。

2.100　篮球运动员必须学会一心多用。

因为篮球运动是复杂反应的运动项目，要求运动员必须根据球场上的情况来选择运用什么技术，做什么事情，并要做到顾此不能失彼。

所以，运动员要始终做好各种行动的准备，这就要求运动员必须有一心多用的意识和能力。

2.101 在平时的训练和比赛中，单项的运动员和集体项目的运动员，需要认知的内容和意识是不一样的。

单项的运动员只考虑做好自己就可以了，集体项目的运动员既要考虑做好自己，也要考虑如何帮助队友，同时，也需要队友的帮助。这就是区别。

现在培养集体项目的运动员时，我们往往没有按集体项目的意识去培养，而是按单项的意识来培养，这就造成了集体对抗项目的大滑坡。

用单项的意识来打集体项目比赛，是不可能打好的。

2.102 训练和比赛中，大与小的关系：大是原则、是思路、是规律性的东西；小是细节、是能力、是具体的内容。

没有大的原则和思路，就不可能有小的细节和能力。反之，没有小的细节和能力，也不可能成全大的原则和思路。

没有做到大，就不可能做好小；为了抓小，而忽视大是违反规定和原则的。

我们要建立起一种清晰的思路，抓大的时候，懂得放弃一些小；抓小的时候，要懂得成全大。

2.103　不管是培养人的单位，还是使用人的单位，只要运动员在训练和比赛中出现问题或不好使用的时候，教练员都会归结为基础打得不好，包括技术问题、意识问题或技战术运用问题。这样的结论对不对呢？我认为很对，而且非常对。

虽然我们能意识到这个问题，能看出来这个问题，但是，我们在解决这个问题的时候，并没有很好的办法，也没有下功夫去解决。

从根儿上解决问题是很难的，需要花时间，需要有技巧和方法。它不是急功近利的事，也不是坐享其成的事，更不是能绕开走的事，我们只能一步一个脚印，耐心地慢慢解决。

不管运动员到了什么层次，缺什么就要练什么，这就是现代篮球运动单兵训练或集体训练所要解决的问题。

不解决这些基础问题或能力问题，你要想让运动员再上一个台阶，是很难的。所以说，不管是哪个层次的教练员，都要具备解决基础问题的能力。

2.104　过去有一种认识，认为专业篮球和街头篮球是不同的理念，两种理念都有配合，但配合的技术和方法是不一样的。

然而，在篮球运动的发展过程中，我们可以看到，专业篮球和街头篮球都对篮球运动的发展起了很大作用。

从打球意识看，过去，专业篮球讲整体，街头篮球讲技巧；过去，专业篮球受限制的内容太多，而街头篮球没有什么不允许的内容。所以，街头篮球有主观能动性，而专业篮球就很少有主观能动性。

从发展趋势看，街头篮球的技术和意识正是现代篮球运动所提倡的内容，街头篮球随机配合的内容多，专业篮球固定配合的形式多。随机配合可练人的观察、判断、反应能力，固定配合可练人的执行素质，两者都有优势，这就要看谁能结合好了。

以前，街头篮球和专业篮球是对立的，现在，街头篮球和专业篮球是融合的，谁能融合好，谁就掌握了现代篮球的真谛。

2.105　以上分析了专业篮球和街头篮球的融合，你认为对吗？我认为很对。

因为篮球运动本身是很活的运动项目，它既有个人，又有集体；既有个人带动集体，又有集体成全个人；既需要个人能力，又需要集体配合；既要体现个人的价值，又要体现集体的价值；既有宏观，又有微观。

随着篮球运动的发展，个人和集体的融合、专业篮球和街头篮球的融合将会更好、更完美。所以，教练员不要走极端，要成为两者融合的促进者。

2.106　能够成为一支好的球队或强队的基础就是作风好，离开了作风，就不可能成为好队或强队。

作风好的队，防守都不会差；作风差的队，防守都不好。我们只要看一个队的防守，就会知道这个队的作风好坏。

我们教练员在抓队伍时，一定要先抓作风，在此基础上，要抓智慧，智慧能够使作风达到最大化效果，让你的队员合理有效地使用体力，不浪费精力。

能够把作风和智慧完美结合的队，就一定会成为好队或强队。

2.107　有人说，能把复杂的事情简单地去做，你就是专家；能把简单的事情反复地去做，你就是行家；能把反复的事情，长期地去做，你就是赢家。

篮球事业也是如此，我们要把看似复杂的篮球专业，根据篮球运动的发展规律，经过分析、研究、思考、实践，把它捋成一条线，从而把它简单化。这时，我们只需要反复地去做、长期地去做就可以了。

2.108　说起摆脱防守人，很多人认为只有过了防守人，才是摆脱了防守人。

拿运球过人来说，运球过人只是摆脱防守人的一种形式，它不能完全代表摆脱防守人的含义。

真正摆脱防守人的含义是：可前、可后、可左、可右、可上、可下，只要让防守人缠不住你，可以随意观察，可以随意做其他动作，都可以说是摆脱了防守人。

所以，在教学过程中，我们一定要准确地把握摆脱的概念，让运动员知道摆脱就是要创造出有利于自己技术运用的空间，让防守人干扰不了你想要做的技术动作。

在此基础上，我们要花大量的时间，来抓运动员的手上功夫和脚下功夫，还要提高运动员观察、判断、选择的能力以及建立运动员的空间意识等。

2.109　现代篮球比赛需要，运动员在进攻中以"四者"的身份投入到比赛之中。

持球进攻时，是进攻者和组织者；无球时，是牵制者和接应者。但是，有很多运动员做不到这"四者"，这就与训练有关系了。

要想达到"四者"的身份，必须经过系统的训练。训练中，除了个人能力的训练外，还要有各种空间意识的训练、观察全局的训练、布局的训练、变局的训练、创造局面的训练、应变局面的训练等。

在这些训练内容中，还必须有连续性，每个人都在不停地调整位置。这些内容的训练，都需要运动员在观察、判断、选择的基础上完成，持球人不管做什么样的进攻，其他人都要有相应的行动。

2.110　篮球比赛中，从后场到前场的快攻没有发动成功后，再转进半场进攻时，应是一个连续的过程。

如果过渡时间太长，就说明有些队员的跑动能力太差，大家必须等他布阵。还有一种情况，就是平时练习全场的内容太少，队员快攻转阵地战的意识不强。这是大多数队容易出现的问题，教练员要引起足够的重视。

2.111　在训练中，发现很多运动员在移动中或控球进攻时，没有观察、判断、选择的意识和能力。原因有很多：

（1）我们要求的不够，这方面的内容练得少。

（2）运动员没有移动或控球进攻时的观察能力，观察了，就没有移动和进攻；移动和进攻了，就没有观察，二者只能做到一点。

（3）配合意识不强，不知道怎样观察。

（4）对进攻和防守的布局没有清楚的概念，也不知道怎样观察。

（5）根本就没有观察意识。

不管是哪种原因，我们都要在训练中一个一个地解决。作为集体项目，培养运动员这方面的能力，是非常重要的，所以我们必须重视。

2.112　篮球运动员各种能力的提高，必须有相应的训练方法和手段，必须有技巧和要求。如果只是口头上说说，没有安排有针对性的训练内容，运动员永远也不可能有全面的能力。

教练员必须知道，运动员的各种能力不是说出来的，而是练出来的。你给运动员安排的内容越多、越丰富，给运动员练习的机会越多、越全面，运动员提高得才会快。

2.113　在训练和比赛中，一要抓作风，二要抓智慧，一加二就是三，就是作风加智慧。三可以是无限大，也可以是无限小，这就要看作风和智慧的好和坏了。

因为训练作风和比赛作风是一切行动和智慧的保障。没有作风做保障，行动和智慧就会无效。智慧是行动和作风的完美体现，智慧能够让运动员合理、有效地运用自己的能力，在不浪费精力和体力的情况下，完成各种训练和比赛任务。

所以，在训练和比赛中，教练员一定要抓住这两点不放，使三无限大。尤其是训练和比赛作风更要常抓不放，因为它是一切行动和智慧的保障。

2.114　训练是为了比赛，比赛是为了检验训练的效果。从这个思路看问题，教练员就知道训练的重要性了。

比赛中发现的问题，一定要在训练中解决，这样的训练，就会有目的性，解决问题也会很快。如果不是这样，那就是无目的的训练，解决问题也就谈不上了。

我们也可以在训练中发现问题，但不如比赛准确，因为比赛时的对手有很多，不同的对手，会让你发现不同的问题，综合起来看，你就知道自己球队的主要问题了。针对主要问题，在训练中解决，你的队就会进步很快。

如果在比赛中发现了问题，你在训练中没能解决，你的球队就会进步很慢。如果在比赛中发现的问题不对，你在训练中，解决问题也会不对，你的球队同样会进步得慢。

2.115　篮球运动的发展趋势要求各个位置的运动员都要成为全面型的运动员。

（1）因为中锋和前锋可以挖掘的潜力还很大，如果他们能达到后位的技术水平，可以想象篮球运动水平将是什么样子。

（2）现在的篮球比赛，各位置的分工还很明确，所以发动快攻时就有局限性，有跑交叉路线的情况，浪费了快攻的时间和时机，如果各位置的运动员都是全面型的，这一问题就能解决。

每个人都能做到快下、分散、接应、推进组织快攻，就可以根据当时防守时的阵型，在前面的就快下，在中间的就分散、接应，在后面的就一传、推进、跟进，这样抓住快攻的机会就会更多。

（3）由于都是全面型的队员，都能里能外，进入半场进攻时，选择进攻的方法和进攻点就可以多样化，就可以随时抓住对方的薄弱环节，只要对方有一两点不如你，你就能打开进攻的局面。

（4）在进攻时，可以没有明确的分工和落位，随机而且机动，在各个位置上都可以很好地完成任务。

这种思路必将是篮球运动的发展趋势，所以，我们要改变现有的训练思路，努力创造出能培养全面型运动员的训练模式，以尽快实现我们的愿望。

2.116　在平时的训练和比赛中，我们经常遇到这样的问题：有时，连我们也不知道是什么因素影响了我们的发展。

这个问题确实很复杂，必须有耐心一点一点地捋，在捋的过程中，也许我们就能发现问题。但是，在捋的过程中，我们所有的训练和比赛水平都得到了提高，这可以说是不争的事实。

因此，在平时的训练和比赛中，我们一定要遵循这个原则，就是重复训练和循环训练，以利于发现问题和解决问题。要记住，重复和循环的过程就是提高的过程。

此外，在平时的训练和比赛中，能力、作风、智慧、心理等互相之间都是有联系的，同时，互相之间又都是有影响的。我们要做的就是不断地让这些方面提高，只有全方位地提高，才能起到促进作用；反之，必然有不利因素的影响。

2.117　不管是在训练中还是在比赛中，篮球运动合理与不合理的情况是瞬息万变的。原因在于篮球运动是动态的运动，是快速多变的运动，是主动与被动的运动。

不管是个人还是整体，要想做到合理，就必须学会移动中的观察、判断、选择，在此基础上，比的是谁更快、谁更会变、谁更主动。

2.118　在篮球训练的安排上，运动员就是要多练，什么不会就练什么，什么不熟就练什么，什么没有运用好就练什么。

教练员需要做的就是设计训练内容、提供场景和环境，以及时刻提醒。

因为运动员不多练，就不可能会；不多练，就不可能熟；不多练，就不可能灵活运用。

教练员不会设计训练内容，运动员就很难提高；教练员不提供场景、不提供环境，运动员就没有机会练；教练员不提醒，运动员就不知道自己错在哪里。

2.119　我所讲的，思路的内容多，具体训练的内容少。原因是有了思路，教练员就可以自己设计训练的方法、手段、技巧、要求以及你所需要的一切内容。

如果没有思路，你就会盲目地学习训练的方法、手段、技巧和要求。后果是，你不知道这些训练内容是解决什么问题的，不知道选择什么训练内容才能尽快提高运动员的技术水平。

所以，教练员一定要有训练思路，训练的方法、手段、技巧可以不多，但是一定要准确、一定要实用。这里面最重要的还是要求，如果要求跟不上或者不合理，用什么训练方法、手段、技巧也没有多大作用。

训练时的要求是思路的体现，有什么样的要求，就说明你有什么样的思路，只有要求和思路一致了，合理了，训练水平也就上去了。

2.120　在比赛的时候，不管是进攻还是防守，首先要做到知己知彼。然后，根据双方的人员情况来选择布阵，布阵有虚实之分，要争取做到虚中有实，实中有虚。有变与不变之分，要争取做到变是为了不变，不变是为了变。

2.121　败时，应该了解对手，是为了以后赢他。胜时，也应该了解对手，是为了以后不败。

2.122　在比赛时，在了解对手的同时，一定要做到彻底了解自己。要知道我们能做到什么，不能做到什么，只有先把自己的队员和战术安排合理了，才有可能战胜对手。

2.123　通过了解中锋发展史，可以洞悉现代篮球的发展趋势，那就是中锋的灵活落位以及活动范围逐渐扩大，促进了篮球运动的发展水平。能里能外型的中锋越来越多，对中锋的技术要求越来越全面，越来越精细。不同身体条件的中锋，如能训练得当，都能发挥较高水平。

一、按中锋年代分析

20世纪50~60年代，中锋活动范围小，多在腹地，在三秒区附近，活动范围从腰分位线附近到罚球线一带。主要进攻任务是篮下进攻，上提罚球线策应，抢篮板球二次进攻等。

从现代篮球发展的角度看，它的主要缺点是活动范围小、腹地人员密集、不利于穿插、不利于移动进攻，也使防守球队容易协防，给传球带来困难。在这种条件下，持球的外线队员就难以突破，另一侧的中锋和前锋也难以空切，即使能空切，多数的机会也不好，反而使腹地人员更密集，很难形成凌厉的攻势。因此，人们已经认识到中锋选位和移动的合理性是十分重要的。

20世纪70~80年代，中锋活动范围逐渐扩大，多在三分线以内，主要进攻任务是篮下进攻，各种位置的策应，抢篮板球二次进攻，各种位置上的掩护和中距离投篮等。通过中锋活动范围的扩大，逐渐改善了腹地人员密集的现象。对于穿插、空切、突破技术的运用起到了促进作用，形成了初期的移动进攻打法，内外结合的效果开始初见成效，但还是不能满足篮球运动的发展趋势。

20世纪90年代以后，中锋的活动范围进一步扩大，达到三分线以外，主要进攻任务是篮下进攻，各种位置上的策应，抢篮板球二次进攻，各种位置上的掩护、挡拆、中投及三分远投，还有面向篮筐的突破进攻，以及参与全队的快攻。

通过中锋活动范围进一步扩大，使腹地更加拉空，更促进了穿插、空切、突破技术的运用，使战术的变化更加多样化，移动进攻更加流畅，内外结合的效果更加明显，形成了现代篮球运动移动进攻所特有的形式。

通过以上分析，中锋在每个时期的发展都是与当时的防守形式有关，与规则的制定有关。20世纪50~60年代的防守以争夺篮下为主，防守对抗不强，持球人进攻有理，容易造成对方犯规，只要篮下有优势就可以赢球。因规则不完善，对抗性不强。20世纪70~80年代，防守对抗逐渐增强，对抗更趋合理，中远距离投篮发展很快，防守范围也开始扩大，只靠篮下优势已经不能适应篮球运动发展趋势。规则逐渐完善，提倡对抗。20世纪90年代以后，防守对抗更加激烈，更加合理，规则更加完善，中远距离投篮更加准确，防守范围进一步扩大。防守球队的限制能力进一步增强，如进攻跟不上形势，必然受挫。

二、中锋活动范围的变化，提高了人们的认识水平

当下篮球运动的水平，与整个篮球界人士认识水平的提高有关。例如，教练员带队时，首先要考虑本队的人员条件，尤其是本队中锋的条件和特点，必须走扬己之长、避己之短的道路，才能形成现代篮球移动进攻多种变化的技战术打法。教练员要认识到：没有过时的技术、战术，只有发展的技术、战术。篮球运动本身就是丰富、发展和创新的过程，不管是老技术还是老战术，新技术还是新战术，前人用过还是没有用过，只要有利就用。

教练员进一步认识到，动态中的进攻是有规律可循的，掌握了这个规律，就好制定选位和移动路线。

怎样掌握规律，首先要了解现代篮球运动防守和进攻的基本特点。先说防守的基本特点：不论什么形式的防守战术，都要有较强的整体性、伸缩性、协同性和攻击性。随着三分球的发展及中锋活动范围的加大，防守范围逐渐扩大，目的是使对方的内外线失去联系。

再说进攻的基本特点：节奏快，讲究移动进攻；活动范围大，伸缩性强；注重内外联系，内外结合，战术简单，连续穿插、掩护、挡拆、移动，进攻点多而不定。

根据以上特点，我们的进攻选位和移动的指导思想应是：避现代防守之长，使其发挥不出优势，或限制到最低程度。扬现代进攻特点之长，使其能充分显示出威力。

在具体实施中应遵循的原则和要求可归纳为如下五点：

（1）有球的一侧和腹地拉空，无球的一侧掩护、空切，腰分位线附近最好不要有人停留，争取在腹地创造进攻机会。

（2）五人的落位尽可能拉大间距，并通过选位、调位，把防守人牵制住，使防守队不利于整体防守和协防。

（3）穿插应大幅度、长距离，轻易不走回头路，即使接不到球，也要移动到位。

（4）建立坚定的移动观念，目的是创造战机，给同伴提供进攻机会和空间。不管能否接到球，都要选择适当的位置和路线进行移动，其中无球人的移动往往最关键，给对方的威胁最大。

（5）加强进攻配合的伸缩性、对抗性和频繁连续性。

认识是基础，有了正确的认识，才有可能制定出实用战术。

三、中锋在篮球运动发展中的作用及应具备的能力

（1）作用。一支球队如果没有强有力的优秀中锋，就不可能内外结合好。由于中锋技术水平的提高和活动范围的加大，极大地促进了其他位置队员技术的发展。

如前锋、后卫的移动范围和内外穿插更有了很大空间，得分手段也有增加。如中锋出来策应，外线穿插进攻得分；利用中锋挡拆掩护创造切分或投篮机会；利用中锋在三分线上的掩护，创造外线队员的投篮或切分；利用中锋的内掩护、创造外线三分投篮机会；利用大中锋拉出机会，造成内线其他位置的人员以大打小；利用中锋的频繁掩护，创造各种进攻机会；利用中锋篮下的强攻，吸引对手协防，创造投篮机会；利用中锋的移动，调动防守中锋创造有利于本队的战机

等。从而形成了现代篮球移动进攻有特点、有特色、有成效的打法。

（2）应具备的能力。过去认为，中锋在篮下才有优势，不能说错。但不能保证所有球队的中锋都在篮下有优势，中锋在篮下的优势也是相对而言的，会受身高、技术和素质的影响。所以，中锋高度没有绝对优势的球队，要想办法争取篮下优势，要利用本队局部位置的高度，争取篮下优势，这就是认识水平的提高。

由于认识水平提高了，训练的内容必然丰富，中锋的活动范围加大，进攻手段增多，能里能外就是现代中锋的发展趋势。中锋活动范围加大，但不能不进攻，不进攻不可能吸引防守中锋，也就不可能形成有利于本队的技战术打法。

所以，中锋在不失去篮下进攻技术的基础上，必须有准确的中远距离投篮和外线的进攻技术（如八一队的刘玉栋、山东队的巩晓彬、北京队的焦健、广东队的杜锋等都具备大前锋的外线能力），这样才能适应各种对手，可根据对手的情况采取不同的进攻方式，有利于本队进攻战术的变化。

2.124 中锋训练指导思想及与其他位置的关系

1. 中锋训练的训练指导思想

随着篮球运动的发展，对中锋的进攻技术和要求以及内容越来越多、越来越全、越来越精。可以看出，不是以前中锋的进攻技术和内容不实用了，而是在原有的基础上更加丰富了，这也是一个认识问题。

从古至今，篮球运动每发展一步都有它的实际意义，中锋的所有进攻技术都是实用的，不可或缺的，不能厚此薄彼，也不能顾此失彼。有了正确的认识，才能有正确的训练指导思想，才能有正确全面的训练内容、方法和手段。反之，必然顾此失彼，导致训练内容的单一和片面，这对篮球运动的发展有害无益，必须引起同行的重视。

规律和趋势从不以人的意志为转移。既不能抱住老观念不放，不发展，也不能弃老重新，一定要按篮球运动的发展规律和现实要求，加强全面和系统的训练，让中锋全面掌握内、外线技术。这样到用时，才能有变化，才能得心应手，才能根据不同的对手，采取不同的进攻方式，有利于本队战术的多样性。

这也对中锋训练提出了一个严肃而认真的问题："怎样训练中锋？"这个问题从篮球运动发展的整个过程都有人在研究，它并不是个难题，关键是作为教练员应该怎样认识中锋训练发展史，是有机地结合好每一阶段的内容训练中锋，还是有所偏重，顾此失彼。效果自然不同，必须引起重视。

篮球运动发展至今，是有规律可循的，从高、快、灵、准说起，这就是篮球运动发展的规律和趋势，这是不可变的。随着篮球运动的发展，会更高、更快、更灵、更准，这就需要各个位置，尤其是中锋所担负的责任更多，内容更全。

中锋对高、快、灵、准的发展，起了决定性的作用。过去慢，多数是中锋的关系；现在快，也是中锋的作用。过去的快，是指反击快攻，多数中锋不参与；现在的快，除快攻外，阵地进攻也要求大幅度、长距离地快速移动。整个进攻的节奏都向快、灵、准发展，那么，你想快对方不让你快；你想灵对方不让你灵；你要准对方不让你准；你想高对方不让你高。这就是篮球运动的对抗规律，限制与反限制，出现了对抗越来越激烈，争取面越来越广，从高空的争夺到地面的争夺，从位置的争夺到面积的争夺；从点到线的争夺，从局部到全局的争夺等，争夺无处不在，范围越来越大。

这就对篮球运动的发展提出了一个课题，作为五对五激烈争夺、对抗的篮球运动项目，哪个位置的队员对促进"高、快、灵、准"的发展作用最大，潜力最多，从发展史上看，显然是中锋。因此，世界上各个国家都从中锋位置上挖掘潜力，这才形成了现代篮球运动的技战术打法。

2. 中锋与其他位置的关系

以上所谈主要是中锋的作用，并不是说其他位置不重要。如果没有好的前锋和后卫，中锋的作用也发挥不出来。中锋与外线也是互相依赖、生存、发展和促进的关系，彼此谁也离不开谁。只不过从现代篮球发展的情况看，中锋可挖掘的潜力较大。

此外，中锋的选材和训练难度较大，遇到一个好苗子很不容易，训练出一名全面型的中锋更不容易。一旦有这样的人才，并能训练出来，将使一个队的整体水平上一个台阶。例如，中国队的三大中锋——姚明、王治郅、巴特尔所在的球队就是很好的例子。

又如：当时在青年队打球的二中锋位置的人，在甲A联赛或国家队都可以打大前锋，马健、巩晓彬、焦健、杜锋、朱芳雨等，这些都是训练目的明确，指导思想正确，培养全面技术型的中锋所产生的结果。

同时，我们也曾看到，因为目的不明确，训练面儿窄，在青年队以使用为主，只顾眼前利益，不愿下功夫等因素，所产生的人才浪费。

如在青年队有很多身高在2.00~2.05米的队员，身体素质都非常好，由于在中锋位置上的训练不全面，没有内外兼顾，到了成年队，这种高度的队员就不好使用，篮下没有绝对优势，外线的技术又不会或不精，从而丧失了向高水平发展的机会。如果从小培养这些队员里外都能兼顾的技术，全面打好基础，就会给一线队伍在使用人方面提供更多选择，既可以打灵活多变、活动范围大的二中锋，又可以打大前锋的位置；既增加了上场队员的平均高度，又不浪费人才。

有绝对高度的大中锋和具备良好条件的大中锋是可遇不可求的，即使有这样的人才，也应全面系统、内外兼顾、有步骤、有计划地进行训练，更何况身高不理想的队员更应如此。这是在青少年时期的训练中，我们所不重视的问题，必须尽快纠正，否则将影响篮球事业的发展。

举个例子：作为俱乐部的成年队，都希望自己的球队不只是大中锋要高，希望二中锋、前锋、后卫都要高。各俱乐部的青年队在选才方面也非常重视高度，但是，从全国青年队选才情况看，具备优秀大中锋的人才几乎没有（与世界水平相比），二中锋的优秀人才也不多，具备大前锋的人才却比较多。只从身高角度讲，我们国家2米以上的球员非常多，有些球员的身体素质又非常好，为什么这些球员到了一线队伍使用不上？还是训练的指导思想有问题。如果2米以上的球员在各成年队二中锋和大前锋的位置上多出现几个，各队的平均身高就会增加，剩下的大中锋可以从外援选才来解决，既可以起到对我国有限的几个大中锋对抗陪练的作用，又可使其他位置多出人才。因此，篮球界的全体人士都要有大局观念，多为国家培养人才，全国上下行动一致，不久的将来会有好的局面出现。

3. 利用中锋制定战术应注意的问题

（1）设计战术的目的就是不打难度球，通过五人配合，争取创造出容易得分的机会。

（2）设计战术的原则是根据对手的防守情况或特点，并根据本队队员的进攻特点，让对方顾此失彼，才是最佳战术。

（3）不要盲目学习战术，首先考虑是否适合本队，适合的就学，不适合的不要照搬。对于其他队是好战术，对本队并不一定是好战术，因人而异制定出来的战术，并在实战中有成效，才是好战术。同时注意，学习他人的东西，可走捷径，哪怕一点一滴。

（4）战术质量的高低，受队员进攻能力的影响，受防守强弱的影响。能力越强，技术越全面，战术越好制定，变化越多。所以说，能力是第一位的。

（5）战术好练，能力难练。能力需要时间来培养，战术是组合，是更有利于能力发挥，而且是更轻松地发挥。聪明的教练员舍得花时间抓队员的能力，不聪明的教练员只会用时间抓战术，而且是这样不行再换一样，换来换去，效果不佳，都是受能力影响。要根据战术的需要，有目的地抓队员某方面的能力。

（6）战术本身没有好坏之分，新旧之分，过不过时之分，只有丰富和发展。

（7）制定战术要做到，能简单就简单，不要复杂化，做到简单实用。

（8）注意战术配合中，各环节的质量，不要走形式，跑龙套。

（9）真假变化，真假难分；主攻受阻，副攻能攻；以点带面，多点开花。

综上所述，制定战术对运动员的能力和意识的要求很高，运动员必须具备相应的进攻能力和意识，才能良好地完成战术的内容，使战术保持流畅。球场上的五个人，都应具备相当强的进攻能力和助攻能力，谁有机会都能进攻，能一对一进攻，能吸引人助攻。

在意识方面，每个队员都要有明确的整体观念，在场上选位、移动和进攻，都要有强烈的给同伴创造进攻机会的愿望。如中锋在进攻中，其他队员要及时调整位置接应，且不能把防守人带入持球中锋的进攻区域；中锋在进攻中遇上协防，补防人或发现同伴有好机会，必须立即将球传给空位或有利于进攻位置上的同伴；外线队员接球时，要提前观察其他同伴是否空切、穿插，中锋是否占据有利的进攻位置，如果有，要及时传球；如果没有，再做必要的个人进攻。

队员一落位，不能只想占据有利进攻的位置，首先要选择能把防守人拉开和牵制住，使之不利于协防，而有利于同伴进攻的位置。有时，需要站在原地不动；有时，需要没有任何进攻威胁的背向球移动，把防守人带走；有时，则需要主动给无球或有球同伴掩护。要知道自己的一切行动都是为了同伴的进攻、全队的进攻，只有这样，才能互相创造出更多、更好的机会。在此基础上，教练员根据本队的情况和对手的情况，制定出有利于中锋及整体攻击能力充分发挥的战术，使战术具有机动、灵活、应变力强的特点，而且要简单，易为运动员掌握。

通过对中锋发展史的分析，我们了解了现代篮球运动的发展方向。对于中锋的训练和战术的制定，有了更明确的指导思想，使今后的训练更有目的性和全局性。

4. 前景预测

未来，篮球运动将进一步挖掘中锋的潜力，对中锋的要求会越来越高。随着中锋活动范围的加大，能里能外型的中锋必然越来越多，技术要求必然越来越全面。在此基础上，对后卫和前锋的要求也将提高，也必然会出现能里能外型的前锋和能里能外型的后卫，对各位置的技术和能力要求将会一致，只不过，在分工上有所不同，有所侧重。

为了更高、更快、更灵、更准，篮球运动的对抗将会更加激烈，更加全方位，对各位置技术能力的要求必然越来越高。因此，在今后的训练中，我们一定要跟上篮球运动的发展趋势，训练出更多、更好的全面型篮球运动员。这一重任将主要落在培养儿童和青少年的教练员身上，全面打基础，培养出全面型的优秀人才。

2.125 现代篮球防守和进攻的基本特点

1. 现代篮球防守的基本特点

无论什么样的防守阵型和战术，都要求有较强的整体性、伸缩性、攻击性和协同性，随着三分球的发展，防守范围逐渐扩大，使对方内外线失去联系。

2. 现代篮球进攻的基本特点

节奏快，讲究移动进攻，活动范围大，伸缩性强，连续穿插、掩护、移动，进攻点多而不定，对抗性强，战术简单实用，内外线联系范围扩大。

根据防守和进攻的特点，训练移动进攻战术的指导思想应该是：避现代篮球防守特点之短，使其发挥不出优势或限制到最小程度；扬现代篮球进攻特点之长，使其能充分显示出威力。

了解了现代防守和进攻的特点，并制定了指导思想之后，我们还要了解什么是移动进攻，只有在此基础上，才能知道运动员在移动进攻中所必备的条件。

2.126 移动进攻打法的特点和要求

移动进攻打法是随着运动员技术和素质的提高，以及攻守战术的对抗和裁判规则的变化而逐步发展形成的，它是战术结构的新发展。

特点是没有固定的配合路线，可因队而异；密切结合各队的特点而变化，使守方无法预测；适合进攻各种防守体系，有人称它为传球打法。

移动进攻中，要求队员做有目的的传球，要有掩护、空切、移动，对于在什么地方投篮不做规定，有无高个队员都可以用，它是按一定原则进行的五个人的联合行动，是由基础战术配合所组成。

这种打法看起来似乎很简单，实际上要求队员之间的联系更加紧密和频繁，移动起来更加机动和多变，但它不是盲目的移动，而是有一定控制的、自由而协调一致的连续移动。

2.127 运动员运用移动进攻战术应必备的条件

为了更快、更好地熟练掌握移动进攻打法，就必须了解移动进攻中，运动员应该具备的条件，这样才能有目的、有计划地进行训练，使运动员逐步掌握具备条件，从而使移动进攻活而不死，层层衔接，达到预期目的。下面浅述运动员在移动进攻中必备的条件。

1. 身体素质方面

包括速度、速度耐力、弹跳、力量、灵活性、协调性、专项素质，起动、急停、各种曲线的跑动速度、爆发力等。

移动进攻打法对运动员各方面的素质要求比较高，因为它是连续不断的移动，没有速度、速度耐力及各种曲线的快速移动，就很难摆脱防守人，也不可能完成连续移动的任务；没有弹跳力、爆发力，力量就很难保证空中优势和激烈的对抗；没有灵活性、协调性，起动、急停就不可能摆脱对手，完成各种进攻技术。

因此，对运动员进行全面身体训练，提高各方面的素质，是完成移动进攻的基础。尤其是在持球时，也要能充分发挥出运动员的各种素质，更是完成移动进攻的前提条件。

2. 技术条件方面

准确地投篮，任何位置上多种方式的投篮；恰到好处的传球，任何位置上多种方式的传球；稳当的接球；出色的运球技术和控制支配球，善于突破；灵活的脚步动作，逼真的头、眼、脚和身体的假动作；快速的转身、跳跃、抢篮板球的技术等。

篮球运动员技术水平的高低，直接影响移动进攻的质量和效果，没有高超的技术，也是无法完成移动进攻配合的。所以，不具备一定水平，就谈不上打移动进攻。

3. 基础战术配合

包括传切、策应、掩护、突分等，基础配合同前两条一样，都是移动进攻打法的基础。

它能提高运动员的战术配合意识，增强同伴之间的默契，同时，也可提高技术运用能力和适应场上变化的能力，运动员熟练掌握基础战术配合是十分重要的。

移动进攻打法是由基础战术配合所组成的，没有基础战术配合，就不可能高质量地移动进攻。在没有固定配合路线的情况下，运动员要机动灵活地运用基础战术配合来完成整体移动进攻，不是一件容易的事，这就要看基础打得好不好，有了好的基础，就等于有了完成移动进攻的前提条件。

4. 球场意识

球场意识是指运动员在训练和比赛中，根据主观条件和客观现实，创造性地、合理地运用技战术的一种积极自觉的思维过程和自觉行动。

队员的球场意识体现在情况出现的预测性，行动的目的性，最后将落实到完成技战术时的稳、准程度和实际效果等方面。这表明，球场意识是运动员在训练和比赛中各种心理活动的综合反应，是运动员形成良好的竞技状态和取得成绩的最佳心理品质。

培养运动员各方面的意识是高质量移动进攻的关键，移动进攻是一种快速、灵活、连续不断的移动进攻打法，那就需要运动员有相应的意识。如跑动的意识要强，整体观念要强，在场上选位、移动都要有给同伴创造进攻机会的强烈愿望，利用基础战术配合的意识要强，随机应变的意识，快速传球的意识，及时调位接应的意识，拉空有球一侧和腹区的意识，背向球和面向球合理移动、不挡同伴进攻路线的意识；牵制防守人，使之不利于协防，以及在进攻中所应有的各种意识都要强。

没有较强的球场意识，行动就没有目的，就会给全队进攻带来麻烦，更谈不上有预测性。因此，对运动员各方面意识的培养和训练十分重要，其难度也很大，短时间内不可能解决，必须经过长期、系统、克难、吃苦、强化才能见一定成效，所以教练员一定要有耐心。

5. 意志品质

坚强的意志品质是克服困难、完成各种实践活动的重要条件。运动员的意志品质是指为了达到预期的目的，完成比赛任务充分发挥自己的主观能动性，最大限度地调动肌体和心理的潜力，以及发挥最高的技战术水平，并克服在技战术运用时所碰到的一系列困难，从而实现自己既定目标的心理过程。这种心理过程是运动员自觉性、果断性、坚韧性和自制力各方面的充分体现。

自觉性：指一个人在行动中有明确的目的，并充分认识行动的社会意义，表现出坚定的立场、信仰积极主动地对待当前行动，加速目的的实现，不易受外界影响，不拒绝一切有益的意见。

果断性：能迅速而合理地采取决定，并坚决地执行决定。

坚韧性：在决定时，能坚持到底，在行动中，能长期保持充沛的精力，勇往直前，自强不息。

自制力：能自觉地控制自己的、符合达到目的要求的情绪和活动方式。

培养运动员这些方面的品质是十分必要的，它是衡量一个运动员是否成熟的一个重要方面。

6. 智力水平

为了适应现代篮球运动复杂多变的形势，提高运动员的智力水平，已为越来越多的教练员所重视。

运动员智力水平的高低，直接影响思维过程、接受能力和赛场表现。智力水平高的运动员观察、反应、判断快，理解能力强，预测情况准确合理，随机应变很快，培养技术方面的能力强。

因此，提高运动员的智力水平，不单是个人素质的提高，而是对整个事业都会起到积极的促进作用。所以，教练员要利用多种形式，多种内容来不断提高运动员的智力水平，以适应现代篮球运动的发展趋势。

　　总之，这六方面的内容须密切联系，有机结合，互相促进，全面提高。教练员要重视对运动员全面能力和素质的培养，也就是说：运动员具备的条件越多，对篮球运动也就了解得越透，潜力的挖掘就会越大，各方面的能力就会充分发挥出来，这对个人和集体的技战术水平提高都是有好处的。

第三部分

技术训练的思路

3.1 在篮球训练中，观察是非常重要的。它与身体的姿势关系不大，也就是说，你要想观察，用任何姿势都能观察。

观察是一种意识、一种能力，有主光、有余光、有经验。

观察是一切行动的前提，没有观察的行动是盲目的、被动的，还可能会成为不合理的。

因此，一定要重视培养运动员的观察能力和观察意识，大家记住一点，观察能力在所有能力中，观察能力排位第一，可见它的重要性。

3.2 运用技术时，注意观察、判断、选择；坚决、果断、合理。

观察：看远点、扫近点，看近点、扫远点。观察攻守布局最重要，要做到会看局、会布局、会破局。

判断：根据攻守布局和个人情况，预见可能出现的情况。

选择：根据观察、判断的结果，选择最合理的技术运用。在此基础上要坚决、果断。

3.3 在控球时：要用身体保护球，让球永远远离防守人的手。不管是运球、传球、投篮，都应如此。

3.4 在攻守对抗时：首先是脚下贴近对抗者，利用脚步移动和抢位、形成对抗。不要失去重心，重心的转移最重要。做到进退自如、左右逢源。防守以堵为主，进攻以错位为主。

3.5 在进攻时：有球人要成为进攻者和组织者；无球人要成为牵制者和接应者。

3.6　篮球运动训练的脚步练习，主要分为防守脚步和进攻脚步两大类。

其中，防守脚步以被动移动为主，进攻脚步以主动移动为主。不管是主动移动还是被动移动，都和控制重心有关。

在球场上，篮球运动员的移动速度很难达到百米跑的速度，这是因为篮球运动员的移动多是曲线移动、前后左右的移动、急停急起的移动、速度变化的移动、各种转身的移动、各种脚步变化的移动、各种身体姿势的移动、手脚分工的移动等。

通过分析比较，我们应该知道，篮球运动员应该怎样练速度，练习什么样的速度，对场上的进攻和防守最有利。

第一，各种脚步的熟练程度，越熟练越好。

第二，身体重心的控制，能够保证前后左右的迅速移动。

第三，重视脚步移动的频率练习，脚步的开立幅度不要过大，也不要过小，要有利于急停急起和各种变化。

第四，重视脚下前后左右的蹬地练习，急停步一定要成为急起步。

第五，多在对抗的环境下练习脚步。

第六，要大量地结合运球练习脚步，攻守脚步都可以结合运球来练习，省时，效果好，提高快。

3.7　篮球运动训练的脚步移动规律是：不停地调整重心，不管是防守脚步，还是进攻脚步都是如此。

防守脚步移动主要是前后左右的堵截、追击，进攻脚步移动主要是前后左右的躲闪、摆脱。

防守脚步移动主要是被动反应的移动，进攻脚步移动主要是主动反应移动。不管是主动反应移动还是被动反应移动，都要破坏重心，调整重心。大家都知道，往前进时，身体的重心不利于后退和左右移动，往后退时，身体的重心不利于往前和左右移动，往左右移动时，身体的重心又不利于前后移动。

因此，脚步移动练习，必须是快速调整和破坏重心的脚步移动，和各种反应的脚步移动练习。

3.8　要想起动快，要想跳得快，就要屈腿快。只有屈腿才能有发力角度。

3.9　外线的进攻脚步和防守脚步可以促进内线的进攻脚步和防守脚步；内线的进攻脚步和防守脚步不能促进外线的进攻脚步和防守脚步。所以，在训练时，不管是什么位置的队员都要重视外线进攻脚步和防守脚步的练习。

3.10　在训练中，一定要让所有运动员多掌握在对抗中控制球、支配球时的观察、判断、选择能力，这是提高运动员全面能力的最有效的训练。不给所有运动员创造这样的机会，就不可能培养出大批全面型的运动员。

3.11　篮球运动的进攻技术已经发展到非常任性化的阶段，也就是说，投篮时只要能找到合理的空间，怎样投都可以；传球时，只要能把球准确地传给同伴，怎样传都可以；持球过人，运球过人，只要你能过人，运用什么脚步都可以。

3.12　在训练中，我们经常认为可有可无的技术动作和规范动作，往往是最实用、最有效的。

如切入时的转体探肩、侧身后控球的技术、保护球的技术动作（如投、传、切三大进攻技术的错位技巧等），所以，一定要重视和强化这些内容的练习。

3.13　保护球应该是用身体挡住防守人，球躲开防守人。要利用身体的各个部位把球保护好，让防守人摸不着，干扰不着。不管是运球、传球、上篮、投篮都要保护球，防止防守人干扰到球。

3.14　在运用技术时，运动员容易出现以下问题：

（1）技术不过硬，技术不全面。

（2）观察、判断、选择不好。

（3）观察了，就没有行动；行动了，就没有观察；不能在行动中做到观察和行动统一。

（4）运动员打球太自私，以自我为中心，不管其他人。

（5）运动员自信心不足，不能做到坚决果断。

（6）运动员本身观察能力差、操作思维能力差，这点最难改变。

（7）某些方面的意识差，如投篮意识差、传球意识差、切入意识差、抢篮板球意识差、防守意识差等。

所以，要根据运动员出现的不同情况来区别对待。

3.15　在技术训练中，一定要强化难度、速度和强度。难度、速度和强度一定要超过比赛，尤其是在没有防守的情况下更应如此，这样训练出的技术才能适应比赛。

3.16　在技术训练中，一定要安排快中求稳、乱中求稳、乱中寻找机会的训练内容，这主要是训练运动员抗干扰的能力和观察、判断、选择的能力。

安排的一定是综合性的，多人多球，有策应、有切分、有接应移动投篮、有篮下进攻等。目的是让运动员在这种环境下所练的技术动作还能够稳定，做完一个动作后，还能够连续做好下一个动作，出现干扰时，还能够完成技术动作，注意力转移得快。

3.17　有难度，就达到了防守的目的。只要是防守不好的人，都是堵截人的能力差，手和脚都是冲着球去，所以很容易失去防守位置，很容易让对手的假动作欺骗，很容易失去防守重心，很容易犯规。在平时的训练中，我们一定要解决这些问题，以迅速提高运动员的防守水平。

3.18　各种技术的运用，都要有空间，没有空间，就很难运用技术，所以，我们要强化运动员空间意识，没有空间，要学会创造空间，拉开空间。有些技术的运用，就是让运动员创造空间和拉开空间。在过人时，有些运动员永远没有空间意识，所以，他很难过人。

3.19　篮球运动训练的脚下功夫是多种多样的，但是不管怎样变化，在停下时，都要始终开立，只有开立、屈腿，才有可能做出连续的急停急起和前后左右的移动。

3.20　有时候，我们只重视手上的假动作训练，而没有重视脚下的假动作训练。要知道，如果没有脚下的假动作配合，手上的假动作就起不到作用。

3.21　在一对一的攻防练习中，一定要强化运动员比拼攻守脚步的意识。

看谁脚步更灵活；看谁开立、屈腿、急停、急起得更快更好；看谁真假脚步运用得更真、更好；看谁能运用脚步动作调整空间；看谁能运用脚步动作，连续移动变化；看谁能运用脚步动作，迅速摆脱防守人；看谁能运用脚步动作，迅速抓住摆脱时机。

看谁能根据防守人的情况，合理有效地运用前后、左右的脚步移动；看谁能面向防守人、背向防守人、侧向防守人，都能合理、有效地运用脚步摆脱防守人。

做到这些，就能提高运动员利用脚步过人的意识和能力，就能把攻守脚步都练好。

3.22　全面型的运球和控球高手主要表现出来的能力是，能把手和脚融为一体，能在观察、判断、选择的基础上，随意移动、随意传球、随意投篮，并把三者有机地结合好。

他的控球移动，比不控球时还灵活，因此，很难抢到他的球；他的传球，不管在多复杂的情况下，都能用各种技巧传出，因此，很难断到他的球；他的投篮，不管近、中、远都会用巧妙的技巧出手，因此，很难封盖；他每次的动作，也可能是真，也可能是假，让防守人很难判断出他要干什么。

这些应该是篮球运动员在运动生涯过程中，始终坚持的训练内容。

3.23　篮球运动员前后、左右移动的脚步练习，都与重心的控制与调整有关系。不管是进攻移动脚步，还是防守移动脚步，不管是控球的移动，还是无球的移动，要想变化快，就必须学会控制与调整自己的身体重心。

控制与调整身体重心与核心力量有关，但它不是最重要的因素，最重要的因素是，不管怎样移动都能把重心调整到自己身体的核心中，这时核心力量才起作用。不能失去重心，一旦失去重心，核心力量就不起作用了。

所以，在各种移动练习时，一定让运动员养成控制与调整重心的习惯，使自己的身体永远可以前后左右随意移动。

3.24　在篮球场上，运动员永远也跑不出最快速度。

一是因为场地的长度不够，二是因为篮球运动员在球场上跑折线、曲线比较多，三是因为运动员要控制自己的身体重心，以利于随时发生的变化。

篮球运动员最实用的移动，就是快速地急停急起的脚步变化，以及快速地前后左右的变向移动。这些脚步的移动，都需要运动员能及时控制和调整自己的身体重心，控制和调整得快，就移动快；控制和调整得慢，移动就慢。

每个人都有自己的重心，一旦重心超出了自身控制和调整范围，在移动中就谈不上变化了。

核心力量是用来控制和调整身体重心的，如果超出了控制范围，核心力量也不会起作用了。重心的控制和调整与上下肢都有关系，上肢是控制重心不要偏离太多，下肢则是起支撑作用，稍有偏离就要用下肢移动支撑调整过来。身体的中间部位，腰腹肌和臀部是衔接上下肢的核心部位，它对重心的控制和调整起关键作用。

我们了解了这些内容之后，就知道应该怎样训练篮球运动员的脚下功夫了，在此基础上，多重复练习就可以了。

3.25　在篮球场上，运动员移动速度要快，但不能快到失去重心。一旦为了快而失去重心，脚步就不会有变化了，就停不住了。这样的速度，在篮球场上是没有用的。在攻守对抗时会犯很多错误。

3.26　在篮球场上，运动员如果在移动中想做到收放自如，就必须先学会各种脚步的移动技巧，以及重心的控制与调整，二者缺一不可。

3.27　在运球训练过程中，运动员容易出现以下问题：

（1）重心高，重心上下起伏大，变化慢。应恒定重心，而且要低。

（2）左右蹬地错位幅度小，容易和防守人挂住，不能加速。

（3）球护送不到位，落点不合理，保护球意识差，影响运球速度。

（4）转体探肩、侧身加速较难掌握，腰的灵活性差，重心转移不合理。

（5）控球一侧肩高，球运得高，容易对球失去控制。

（6）低重心时，腰弯腿不弯，不利于观察、不利于控制重心。

（7）运球手型单一化，手向下发力大，而不重视前后、左右的拉动、带动球。

（8）在运球对抗中，对抗技巧不合理。容易出现直线挤撞，而不是利用脚步错位、抢位、侧身挤冲。

（9）队员重视了错位，同时出现运球走弧线的情况，说明重心调整不合理。

（10）队员不重视侧身控球技术，不利于后变向的技术运用。

（11）不重视背向技术的运用，背向时不会观察，启动慢，多是平时练得少，没有掌握要领。

3.28　侧身后控球，是一种保护球的控球方式。随着防守水平的提高，防守人脚步的贴近，这项技术越来越重要。因此，在青少年篮球训练中，要加强这项技术的练习。也就是说，要在这种姿势控球的情况下练习观察、脚步动作、急停急起、错位加速、变向速度、传球和上篮等。

3.29　针对青少年运球技术训练的基本思路：首先是想办法尽快提高运动员的手上功夫，手上功夫提高到一定程度，主要提高的就是脚下功夫。

手上功夫主要提高前后左右拉动、带动球的技巧；脚下功夫主要提高前后左右蹬地启动、急停急起的技术。做到脚下不管怎样移动，手上控制的球都能跟上。我们现在练运球，上下拍球得太多。

3.30 侧身后控球已是现代篮球运动员必须掌握的一项技术。也就是说，运动员必须在这种姿势下，会观察、会突破、会传球、会投篮，要能做出自己想做的一切事情。

好处是，有利于保护球、有利于传球、有利于突破、有利于背向技术的使用、有利于重心的控制、有利于各种投篮技术的使用，变化多，隐蔽性强。

在对抗中，可以不做任何假动作，就能一次性完成传球和投篮动作。传球时，可以选择各种传球路线，可以保证球速；突破时，可以强行冲挤，强行上篮，过不了人也可以隐蔽出手上篮等。

3.31 在运球训练中，一定要设计出脚步动作来。

要有前后左右的脚步移动变化，要把进攻脚步和防守脚步都结合进去，球一定要随着脚步的变化来控制，不管是面对防守人，背向防守人，还是侧身对防守人；不管球在体前、体后，还是在体侧，都要保护好、都要能及时起动、都要能及时急停、都要能及时变向、都要能前后左右移动。

通过练习运球，让运动员的脚下功夫有大幅度的提高。

3.32 在练习进攻和防守脚步时，主要强化的内容应该是频率、起动和制动，也就是急停急起。

强化频率练习，有利于提高运动员的脚下功夫，有利于急停、急起，有利于方向的变化，有利于重心的控制。

强化频率练习时，脚步开立的幅度不能太大，也不能太小，要适度。这与个人的身高有关系、与力量有关系、与灵活性有关系、与协调性有关系。

篮球运动的特点之一就是动作速度，就是突然性，变化快，频率练习就是解决这些问题的。

这一能力的训练，最好结合移动中的运球，可以起到事半功倍的作用。因为进攻脚步和防守脚步都有前后左右的移动，只不过进攻脚步移动往前的多一些，防守脚步移动往后的多一些。我们只要在移动运球训练时，把这些脚步加进去就可以了。

加运球练脚步，等于提高了练习脚步的难度，但好处很多，可以同时提高手脚的协调性和灵活性，一旦不运球了，脚下会更快。

此外，运动员练习时也容易有兴趣，提高进步快，建立信心快，所以，教练员须编排好这方面的训练内容，让运动员更快地提高。

3.33 教练员在教个人防守时，一定要让运动员的脚步堵截人，而不是堵截球。只要人过不了你，你的防守就是成功的。

如果你的防守脚步对着球，就很容易让进攻人变向过人。在练习个人防守时，一定要让运动员知道，不要受球变向的影响，而是要判断进攻人脚下怎么走，做到左右都能堵截，球可以过，但人不能过。人堵截住了，对手的进攻就会失败。

3.34 运球练习时，如果不结合脚步左右蹬地移动和重心转移，以及脚步频率和幅度，就没有什么效果。

很多运动员练了多年运球，就是不能过人，原因是他的脚下永远走直线，遇到防守堵截，就不会运球了。

大家记住，在运球练习过程中，手上功夫练习到一定程度后，主要就是练习脚下功夫了。

3.35　随着防守水平的提高，后控球技术除了保护球以外，还演变出很多进攻技巧。

运动员可以在各种控球姿势的情况下，做出隐蔽性的传球，突破，强行上篮等技术。

现在，优秀的篮球运动员，在控球姿势时，什么动作都可以做出来。可以看出，这种技术动作的好处越来越多，平时训练中一定要高度重视。

3.36　侧身后控球技术和背向控球技术，大多是在比赛中被逼出来的技术，是运动员为了保护球而自然形成的技术动作。

过去，一直不太重视这些技术的训练，也没有在这种姿势控球的基础上发展进攻技术。当今在高水平的篮球比赛中，这项技术发展很快，优秀的控球运动员基本上全掌握了这些技术，说明他们是在有目的、有计划地练习这些技术。

侧身后控球技术和背向控球技术发展得很快，以前主要用于保护球，现在已成为进攻方式之一。

3.37　篮球运动的发展已打破了以前运用技术的观念。随着防守水平的提高，以前中锋在篮下的背向进攻技术，现在外线也开始使用，并形成了一套有进攻威胁的背向摆脱技术。

为了保护球，又有进攻威胁，背向进攻技术发展很快，已在全场范围内使用，而且效果非常好。

熟练掌握背向技术的运动员，可以在这种姿势时，做出各种攻击动作。可以观察、可以传球、可以摆脱过人、可以强行上篮。

我们一定要做到，让所有的运动员都掌握这项技术，并学会运用。

3.38　运球练习时，左右移动的脚步有顺步、并步、交叉步。运动员要把这三种起动脚步都学会，并且要熟练。

要注意的是，顺步移动起动时，脚步开立要小，顺出去的步伐要大，跟上去的步伐也要大，以保证小开立急停，可连续下一次顺步移动。

并步移动和交叉步移动，脚步开立都要大，区别是，并步起动时，起动脚碰中枢脚后，中枢脚在移动大开立急停；交叉步起动时，起动脚超过中枢脚后，中枢脚在移动大开立急停。

这些脚步的练习很精细，如不按要求做，就做不好，教练员一定要把要求讲清楚。

3.39　运球时的脚步移动对上肢的重心控制和脚下的蹬地角度要求很高。没有上肢的控制重心和脚下的蹬地角度，移动起来就会很慢。

因此，运动员在练习运球脚步时，一定要注意不停地调整上肢的重心，要随着脚步的移动快速调整重心，并注意脚下的蹬地角度，在此基础上做到球动脚动。

3.40 为了尽快提高篮球运动员的控球技术水平，应该从以下几个方面下功夫：

（1）训练方法和手段多，变化形式多，要求严而细。

（2）多球训练，加快手上感觉提高。

（3）加大练习难度，提高观察判断及运用技术的能力。

（4）技术练习与脚步灵活性相结合。

（5）加强连续性，提高综合运用技术的能力。

（6）多种技术综合练习，提高应变能力及注意力转移能力。

（7）加强对抗练习，提高技术的实用能力。

3.41 原地各种技巧运球的作用，是解决手对球的感应，熟练手上功夫，解决手型变化及护球位置和球的落点，提高手对球的控制能力，提高腰肩的灵活性及带动球的技巧。

3.42 半蹲、低重心、行进间、脚下频率移动的各种运球技巧，是解决手脚的协调配合、身体各部位的基本姿势、左右侧蹬地变向的脚步及腰肩转探的规格。主要作用是解决重心低、视野观察、行进间运球手型变化及身体姿势变化、护送球到位等。

3.43 快速、行进间的各种运球技巧，是解决在快速运球时手脚的协调配合能力，身体各部位的姿势，控制重心的能力，脚步变化的方法，运球手型的变化，腰肩转探的规格，拉动、带动球的技巧方法。

主要作用是提高在快速运球时的视野观察，变向、加速时的重心调整，错位意识，快速变化能力及快速运球中的控制球能力。

3.44 前后急停急起各种运球技巧，是提高运球突然变化能力，提高运球时的前后左右的移动能力，以及突然变化时的重心调整，掌握急停急起的脚步技巧方法，保护球的技巧，背向急停的技巧，各种运球变向的技巧与脚步。

3.45 左右滑步各种技巧运球，是解决左右移动，错位时的手脚的协调配合、左右急停急起的脚步蹬地技巧以及左右移动时重心的控制能力。

3.46 左右蹬跨各种运球技巧，是解决起动时的蹬跨发力技巧和控制身体重心的能力，以及单腿支撑和控制身体重心的能力，可提高手脚协调配合的能力。

3.47 原地两球各种技巧运球，是解决左右手分工合作的协调能力，以及开发左右脑的支配能力。行进间，脚下两球各种技巧频率运球，是解决四肢协调、左右分配的能力。

3.48 在运球练习中运动员容易出现以下问题：
（1）重心高，重心上下起伏大，变化慢，应衡定重心，而且要低。
（2）左右蹬地错位幅度小，容易和防守人挂住，不能加速。
（3）球护送不到位，落点不合理，保护球意识差，影响运球速度。
（4）转体探肩，侧身加速较难掌握；腰的灵活性差，重心移动不合理。
（5）控球一侧肩高，球运得高，容易对球失去控制。

（6）低重心时，腰弯腿不弯，不利于观察、不利于控制重心。

（7）运球手型单一化，手向下发力大，而不重视前后左右的拉动、带动球。

（8）在运球对抗中，对抗技巧不合理。容易出现直线挤撞，而不是利用脚步错位、抢位、侧向挤冲。

（9）队员重视了错位，同时出现运球走弧线的情况，说明重心调整不合理。

（10）队员不重视侧身控制球的技术，不利于后变向的技术运用。

（11）不重视背向技术的运用，背向时不会观察，起动慢，多数情况是平时练得少，没有掌握要领。

以上所谈十一点，教练员在教学训练中要引起重视，采取相应的方法，手段予以解决，不然很难提高运动员的运球水平。

3.49　上述运球方法是根据不同年龄、不同水平的运动员而编排的。

对初学者可以多安排"原地各种技巧运球"；有一定水平的运动员可安排"快速行进间各种技巧运球""急停急起各种技巧运球""左右滑步各种技巧运球"以及"两球各种技巧运球"。或根据训练阶段的不同时期，交替安排各种运球方法，使运动员熟练掌握各种运球方法和技巧。

在运动员运球水平达到一定程度时，要在场地里设置障碍，障碍的宽度要相当于高大队员平行防守脚步的宽度；增加攻守对抗，提高运用和实战能力。出现问题及时纠正、提醒，以便运动员迅速成长提高。

让运动员养成玩球、耍球的习惯，同时要防止华而不实，练习中可以复杂化，运用时要简单、实用化。

3.50　在有球的攻守对抗训练中，一旦攻守双方身体接触时，防守人是用身体的正面顶、堵进攻人的，而进攻人是用身体的背面或侧面挤、靠、压防守人的，并在此基础上形成和发展进攻和防守的对抗技巧。

3.51　练习半场切入时，一定要强化转体、探肩。好处是：

（1）身体面窄，容易切进去。

（2）可以有效保护球。

（3）容易传球和外线队员联系。

（4）有利于背向技术的使用和对抗技术的使用。

（5）过不了人也可以强行上篮。

3.52　正面过人技术主要是运用摆脱技巧，背向过人技术主要是运用对抗技巧。

不管是正面摆脱技术还是背向对抗技巧都要注意左右蹬地技术，尤其是背向蹬地起动难度最大，应使运动员做到背向左右起动和正面左右起动一样快。

正面摆脱技术，球在防守人与进攻人之间，所以摆脱时要离防守人远一点利于保护球；背向摆脱技术可以贴近防守人，左右转身起动要快。

3.53　现代篮球进攻技术已经越来越全面，对抗性越来越强，防守的水平也越来越高，进攻中完全摆脱对手进攻已经很困难，这就要求运动员过不了对手，也要能推进，也要能强行进攻，方法是利用身体保护好球，侧身推进，隔人出手上篮，还要利用背向的脚步移动变化错位攻击。

3.54　在练习半场切入时，一定要强化转体探肩后控球的姿势，这样可以有效地保护球，可以有冲击力，可以背向急停，有利于背向脚步的变化，有利于对抗技术的运用，可以强行上篮、可以隔人出手投篮、可以错位上篮、可以很容易地向外传球、可以随时后退，调整进攻空间。

3.55　在练习持球切入时，一定要让上肢带动下肢，也就是说，上肢手持球的动作速度一定要比下肢快，好处是，不容易走步，重心转移快，有利于起动。在行进间接球、放球时也应如此。

运球过人时，应以脚下功夫为主，在保护好球的基础上，脚下不管怎样移动摆脱，手上控制的球都要跟上。

3.56　在突破上篮技术练习中，低手上篮和勾手上篮以及侧身上篮，都要争取晚起步，也就是离篮要近，只有用跑投技术时，可以早起步，并把跑投技术和抛投技术结合好。

3.57　运球过人时，要利用脚步和运球技巧不停地调整进攻空间。不管是面对防守人，还是背对防守人，还是侧向防守人，都要不停地调整进攻空间。只有这样，才能调动防守人，找出进攻的机会。

3.58　摆脱技巧是为了错位过人，错位过人是为了抢占有利的进攻空间，抢占了有利的进攻空间，才有利于合理出手，合理出手才能保证命中率。

还可以换一种思路，摆脱技巧是为了错位，错位并不一定能过人，但没有过人，抢到进攻的合理或有利的空间，一样可以合理出手、可以保证命中率。所以，摆脱的主要目的还是抢占合理的进攻空间。

在教学训练中一定要仔细研究摆脱技巧，让运动员能够合理地运用。

3.59　传球训练的基本思路如下：

（1）要教会运动员各种传球技巧，包括手型、发力技巧、错位幅度、传球的隐蔽性、侧身保护球的传球技巧、手脚协调错位技巧。

（2）传球的路线。上、中、下，左和右的选择，要加防守，练习的目的是观察、判断、选择。

（3）在对抗中练传球。这里面有传球、有接应，主要练习传球的时机、角度、速度和技巧方法，以及传球人和接应人之间互相联系的能力和保护球的能力。

（4）在对抗中练战术传球。主要是提高接应人的能力和传球人观察、判断、选择的能力。

记住，传球是两个人才能完成的技术，因此，只练传球，不练接应，传球是练不好的。我们所说的传球技术练习，实际上是传接球技术练习。

3.60　传球时，选择路线、错位、球速和隐蔽性很重要，有一种控球姿势可以解决以上问题，就是侧身后控球。

3.61　在传球训练中，很多运动员观察不好。主要表现是：

（1）只能观察点，不能观察面，所以选择传球的点少，耽误了很多传球机会。

（2）对自己的观察没有信心，必须盯着看准了才做传球动作，这时防守人也发现了你的传球意图，所以容易被断球。

（3）观察一点后，再观察第二点，等观察完了，结果是耽误了所有传球机会。

（4）没有学会观察技巧，总是左右来回摆头，结果是什么也没观察到，顾此失彼。

（5）对战术和布局不了解，不知道观察哪里，盲目观察，容易出现传球选择错误。

（6）技术水平低，顾了做其他动作，就顾不上观察，等停下来以后，再观察已经没有传球机会了。

（7）观察意识差，根本不观察，等出现了情况再想传球已经晚了。

（8）队员自私，不愿给同伴传球，所以他不观察队友的机会，只观察自己的进攻机会，一旦自己进攻受阻，想传球也没有机会了。

3.62　在传球的训练中，观察是最重要的，其次是传球技巧。

观察的方法应是观察面，而不是点。眼神要稳定，不要前后左右摆头，要在一种观察姿势的情况下，能看到多点，这就是余光的作用。能利用好余光，眼神就隐蔽了，一定要让运动员建立信心，相信自己，大胆选择，不要怕出现错误、不要怕传不好。

传球技巧练习主要是控球姿势，离防守人远时，球在身体的前后左右都可以。离防守人近时，一定要后控球，或侧控球，用身体保护好球，在此基础上练习错位传球，并争取一次性传出。原地和行进间的身体姿势是一样的，都是根据防守人的距离远近来选择。在训练传球时，一定要重视观察的技巧和错位传球的技巧。

3.63　投篮技术训练是一个非常精细的过程，如果教不好，运动员就投不出弧度球。

运动员在投篮时容易出现的问题是：手指滚动弹拨球的后部，容易压腕滚动弹拨球，这样投出去的球就没有弧度。

正确的滚动弹拨位置，应是球的底部，首先是用手托住球的底部，上升滚动弹拨球，在胳膊没有完全伸直时球已经出手，这时，随着惯性，胳膊伸直了，并有压腕动作，已经和球没有关系了。

投篮还要注意发力技巧，投出的球如果是全身的合成力，投出的距离就远。如果是分解力，就投不远。所以，手指滚动弹拨球和上展臂是一个连贯动作，这就是合成力。

3.64　跑投技术的脚步与运用时机：

脚步有一步起跳和两步起跳，两步起跳又分前、后、左、右的跨步起跳。

运用时机是，篮下有高大队员防守时、对抗中过不了对方时、篮下防守密集进不去时都可以用。

跑投的好处是：可以早起步，一步起跳有突然性，两步起跳变化多，所以，运动员一定要掌握这门技术。

3.65　在投篮训练中，运动员看不到自己的动作，但能看到自己投出球的飞行轨迹，如果不是投篮技术动作结构有问题，我们就要经常提醒运动员，注意投篮的方向、弧度和球的旋转。

3.66　投篮技术训练不管是高举球还是低举球，都要投出弧度球。

离篮近可以高举球，离篮远可以低举球。离篮近，不需要用太多的上升力量，所以可以高举球。离篮远，需要用很大的上升力量，所以必须低举球。

在教学过程中，往往认为高举球，对方不容易封盖，低举球，对方容易封盖。要知道，举球的高低受很多客观条件的影响，如身高、臂展、弹跳力、投篮的距离以及和对手相比你是否高度占优势，高度占优势，高举就有意义，高度不占优势，高举就没有意义。

我们进一步分析，防守人封盖的是球，只要你投出去的球让防守人封盖不着，就算出手成功，这与高举和低举没有任何关系。

所以，在教学训练中，运动员一定要把高举球和低举球都学会，并知道什么时候可以高举球，什么时候可以低举球。同时，还要知道，高弧度的球不容易被封盖，低弧度的球容易被封盖。

随着篮球运动的发展，投篮的距离会越来越远，投篮举球的高低已不是固定的姿势了。

3.67　篮球运动员如果练习了几年投篮，如果命中率还不高，肯定是投篮技术动作结构有问题。所以，在开始教投篮动作时，一定要先教好结构，如果运动员没有掌握好投篮动作的技术结构，就不要给他安排其他的投篮训练内容。

如果安排了，也不会有好的效果，只能是越来越差。因为，重复的错误动作越多，越不容易改正。

3.68　投篮动作有一个很关键的技术环节，就是球要旋转出手。

很多运动员不知道怎样旋转，所以投出去的球很硬，而且没有弧度。原因是手指弹拨球的后部，手指弯曲，没有滚动球技巧，用手指尖把球抠出等原因。

第四部分

战术训练的思路

4.1　进攻任何防守阵型，都要有战术。战术发动完后，还没有机会，可以用挡拆、切分来连续进攻。

4.2　运用任何进攻战术时，首先要知道，这种战术需要运动员有什么样的能力。这样，你可以根据战术的需要，来培养运动员的能力。你还可以根据运动员现有能力，来选择战术打法。如果运动员的自身条件不具备培养出某种能力，那就不能选择这种战术打法。

4.3　篮球运动的发展趋势，让进攻空间和接应空间越来越大，不利于协防、补防，防守布局会越来越困难。

个人能力会越来越强，超远距离的投篮和强有力的突破将成为进攻的主要手段。

换人防守战术和轮转调位换人防守战术将成为主要防守方法。

战术配合将以切分为主，因为它是最有效的内外结合，大个、小个都能做到。

内外线的进攻能力和方法更趋于一致，位置分工不很明显，要求大个、小个的技术都要全面，都能里能外，各种位置都能打。

落位、布局更加灵活，机动性更强，变化不可预测，进攻的点多、面广等。

对个人防守的要求越来越高，里外都能防，不能依赖协防和补防，如出现补防，也一定要轮转换人。

由此可见，谁能先走到这一步，谁就是赢家。

4.4　什么样的攻守战术是好战术？在篮球比赛中，让对手不适应的攻守战术就是好战术。

好的防守战术不一定每次都能防住对方，但一定是能打破对方的进攻节奏和进攻习惯的防守，并能让对方只能按照你的意图来进攻。

好的进攻战术是，不管对方采用什么样的防守阵型，都可以很流畅地进攻，并让对方顾此失彼。

4.5　现代篮球比赛中，进攻的主要特点是，除了个人技术全面以外，最突出的就是分散、接应的点多、面广、范围大，使球可以很流畅地转移，移动进攻已形成五人不停的移动调位，随机的灵活打法。持球人是进攻者和组织者，无球人是接应者和牵制者的意识已被广泛运用和重视。随着运动员技术水平的不断提高，这种意识会更完美地体现出来。

4.6　在练习整体进攻时，五人的接应意识和能力比个人进攻更重要。因没有接应就没有流畅的传球，就无法调动防守阵型，就不会出现好的进攻机会。所以，在练习整体进攻时，一定要重视接应意识和接应能力的训练。

4.7　打战术的目的是寻找战机，给防守队制造麻烦。同时要知道，正因为我们的能力不行，才需要战术，但是战术又需要能力，这是个辩证关系。即能力不行，需要战术；战术的质量，又需要能力。怎样解决好，是教练员的水平问题。看似没有战术，实际上有战术，看似有战术，实际上没有战术，这就是战术与能力的完美结合。

4.8 只要是在战术训练中解决不了的问题，都与基本功、基本技术和基础战术意识有关。所以，我们要知道在训练中应该重视什么。

4.9 人盯人防守的发展趋势。要求个人的防守能力越来越强，对无球人的防守也要像防有球人一样，不能让进攻人随便移动，也要运用堵截脚步，限制进攻人的移动，尽可能地不用协防，遇掩护换人，要求所有人都能防里和防外，补防时，按换人要求做，轮转换人时，要积极主动，哪里出现危险，就近的人一定要出击，其他人轮转换人。

4.10 内外结合的指导思想，要在整个训练过程中都体现出来。不只是在五对五时才有内外结合，内外结合是一种意识、一种能力、一种布局、一种打法、一种思路、一种体现篮球运动规律的指导思想。所以我们在练习一对一、二对二、三对三、四对四、二打一、三打二、四打三时都要内外结合。也就是说，防守人给你什么机会进，进攻人就利用什么机会，没有进球可以练习冲抢篮板球。比如，练习一对一时，对方不防投篮，你就可以投，投不进，你可以练习抢篮板球。二对二时，要有布局、分散、接应，有切分，有运球掩护，有挡拆，有空切，有投抢等。三对三、四对四也是如此。二打一、三打二、四打三也要内外结合，有布局、有分散、有接应、有空切、有切分、有投抢等。只有这样练出来的运动员，在五对五时才会很自如、很习惯地运用内外结合。

4.11 当发动的战术，对方很了解，而且有把握防住时，我们就要把这个战术当作诱敌战术，让对方感觉我们还是这样打，让对方的兵力还投入到那里，其实我们已经转移了进攻区域，这时，必须要有接应的人和空间，能让球迅速转移，而且是有目的地转移，同时，必须要迅速进攻，让对方顾此失彼。实际上我们在发动任何战术时，都应如此，这就是战术的连续性。其目的就是让对手不知道你什么时候进攻，在哪个区域进攻。要做到这一点，并不是容易的事，你所用的队员必须能做到有球时是进攻者和组织者，无球时是接应者和牵制者，必须是全面型的运动员，必须是会观察全局的运动员。

4.12　篮球运动训练为什么要练多种攻防布局和阵型？就是要让对手不适应。每一种防守和进攻的布局和阵型都不是万能的，不能解决所有问题，但可以根据对手的情况，选择不同的攻防布局和阵型。要让队员知道，我们选择这种布局和阵型主要是为了解决什么问题，尤其是我们的队员能力不够时，选择放弃解决次要矛盾，可能会更有利于自己。这与人生哲学是一个道理，有得必有失，想全顾及到，往往什么都顾及不到。所以，在运用技战术时，一定要根据对手的实力和自己的实力，选择有利于自己一方的技战术布局和阵型。

4.13　提高运用技术的能力，建立基础配合和布局意识，要在对抗中完成。要学会基础配合内容，如切分、传切、挡拆、策应，各种掩护配合等。还要加强布局意识，如怎样布局、怎样移动合理，不同的人次有不同的要求。在这些训练中，布局是最重要的。为了练好布局，首先要练习各种防守阵型，全场、中场、半场、盯人、区域等防守都要练。因不同防守阵型，进攻须采取不同的布局。只有这样，才能练出合理的布局；也只有这样，才能提高运动员运用技术的能力。

4.14　需要特别注意的是，在练习攻防阵型和布局时，合理与不合理是瞬间变化的，要及时发现并能迅速变不合理为合理，这就是应变能力。场上，须有一两名核心队员随时发现时机，及时变化布局。

4.15　进攻布局的原则和要求如下：

（1）无球人要给有球人拉开空间并接应，有球人要能进攻和分球。

（2）无球人要能找到最佳的接应点，并能转化成最佳的攻击点，要有攻击行动。要使队员知道最佳的接应点，同时也是最佳的攻击点。

（3）持球人在观察、判断、选择上一定要准确。也就是说，该投时必须要投，该突时必须要突，该传时就必须要传。

（4）建立空间意识。这里讲的空间是既有持球人的进攻空间，又有无球人的接应空间。有里有外，内外结合。通过不停地跑动，建立有利于进攻的空间。要求长距离、大范围地移动接应，使防守队顾此失彼。

（5）建立合理有效的进攻通道，注重进攻的连续性和机动性。

（6）速度快，变化多，使防守队员和球队抓不住进攻点和进攻路线。

（7）建立适合本队的技战术打法，提高运用位置技术和职能技术的能力。

以上内容，可以通过两人以上的对抗训练来完成。

4.16 随着篮球运动员的技术水平和身体素质不断提高，以及攻守战术对抗的不断变化，形成了移动进攻布局打法。它是在固定进攻战术布局的基础上发展起来的一种没有固定配合路线，可因队而异，可密切结合本队特点而变化的一种打法，使守方无法预测进攻点，适合进攻各种防守布局。它是按照规定的原则和要求所进行的五人连续行动，是由基础战术配合所组成的。这种打法看起来似乎很简单，实际上要求队员之间的联系更加紧密和频繁，移动起来更加机动多变，它不是盲目地移动，而是有规律、机动而协调一致的连续行动。

4.17 进攻选位和移动应遵循的原则和要求如下：

（1）有球的一侧和腹地拉空，空切。腰分位线附近最好不要有人停留，争取在腹地创造进攻机会。

（2）五人的落位尽可能拉大间距，并通过选位、调位把防守人牵制住，使防守队不利于整体防守和协防。

（3）插应大幅度、长距离，轻易不走回头路。即使接不到球，也要移动到位。

（4）建立正确的移动观念，目的是创造战机，给同伴提供进攻机会和空间。不管能否接到球都要选择适当的位置和路线进行移动，其中无球人的移动往往最关键，给对方的威胁最大。

（5）加强进攻配合的伸缩性、对抗性和频繁连续性。

4.18 设计战术应注意以下问题：

（1）设计战术的目的就是不打难度球，通过五人配合，争取创造出容易得分的机会。

（2）设计战术的原则是根据对手的防守情况或特点，并根据本队队员的进攻特点，让对方顾此失彼，才是最佳战术。

（3）不要盲目学习战术，首先考虑是否适合本队，适合的就学，不适合的就不要照搬。因人而异制定出来的战术，并在实战中有成效才是好战术。并注意学习他人的东西，可走捷径，哪怕一点一滴。

（4）战术质量的高低受队员进攻能力的影响，受防守强弱的影响。能力越强，技术越全面，战术越好制定，变化越多。所以说，能力是第一位的。

（5）战术好练，能力难练。能力需要时间来培养，战术是组合，是更有利于发挥能力，而且是更轻松地发挥能力。聪明的教练员会花时间抓队员的能力，不聪明的教练员会花时间抓战术组合，而且是这样不行再换一样，换来换去，效果不佳。要根据战术的需要，有目的地抓队员某方面的能力。

（6）制定战术本身没有好坏之分、新旧之分、过时不过时之分，只有丰富发展更适合队员能力和特点的战术。

（7）制定战术要做到能简单就简单，不要复杂化，做到简单实用。

（8）注重战术配合，注重各环节的质量，不要走形式，跑龙套。

（9）真假变化，真假难分；主攻受阻，副攻能攻；以点带面，多点开花。

4.19　无球人移动进攻的基本思路：首先是观察防守阵型，并根据本队破防守阵型所需布局来落位，在此基础上，选择移动接应和牵制机会。其次是观察防守自己的人，是防里，还是防外。防里你就往外走，防外你就往里走。也就是说：防守人给你什么机会，你就把握什么机会来移动进攻。需要注意的是，不能影响全队的整体进攻战术和进攻路线。

4.20 我们在训练时一定要结合好全场五对五比赛时的要求。全场五对五比赛里包括：等打等，即一对一、二对二、三对三、四对四、五对五；多打少，即二打一、三打二、四打三、五打四；少打多，即一打二、二打三、三打四、四打五等。这些训练内容怎样练，有什么要求，必须要结合全场比赛的要求来制定。第一要考虑时间，要快。第二要考虑布局，打对方立足未稳。第三要与战术结合好，有利于连续进攻。具体要求可根据本队的实际情况来制定。

4.21 在训练进攻战术时，球队往往以创造出固定的一、二、三、四进攻点和机会来运作战术，这种思路运作战术是有局限性的，也就是这个点不行，再转移到下一个点，下一个点不行，再往下转移，造成运动员不观察全局，只观察一点的情况。这种有规律的一点连一点的转移，如果对手了解了你的战术路线，就很容易限制你。

因此，球队应该换一种思路去练习战术，把创造进攻点的意识，变成多点接应的意识，根据场上情况，把球转移到最有利于进攻的点，让每一个运动员都养成观察全局的习惯，都有主动性，而不是后位一个人组织，其他人盲目地跑路线。接应点可以马上成为进攻点，也可以说，就是进攻点。在球场上，所有的人都能接应，都有接应意识都有接应能力，同时都能进攻，都能成为有球时，是进攻者和组织者，无球时，是牵制者和接应者，这样打起战术来，就灵活多了。

4.22　在训练和比赛时，运动员应该始终有空间意识，不管打不打战术，都应如此。这就需要运动员养成观察的好习惯，随时布局，随时能够联系上，这样就可以随时抓住战机。对方的防守一旦有突然的变化，我们也能应对自如。这种随机布局的意识，必须通过基础战术配合来提高。

4.23　由于以往训练的问题，导致很多运动员没有接应意识和接应能力，有些运动员有这方面的能力，但在该接应的时候，或在接应的位置上也不接应，这是我们还没有认识到接应的重要性。一个队如果不具备很强的接应意识和能力，这个队的球转移就不可能流畅。接应是一种意识，一种能力，我们必须重视全体队员这种能力和意识的培养。过去我们做得不够，现在一定要改进，这也是篮球运动发展趋势所决定的。我们不能只让后位有这种意识和能力，而应是所有运动员都有这种意识和能力。

4.24　在训练和比赛中，运动员的空间意识很重要，这相当于排兵布阵，各有各的任务。有球人是组织者和进攻者，无球人是牵制者和接应者，必须有各自的空间。没有空间，就不能完成各自的任务，战术训练也是如此。

什么是空间意识？空间意识就是运动员要想完成一个任务时，所必须有的活动范围和条件。比如说，无球人要给有球人拉开进攻空间，使进攻人能够顺利进攻，使防守队不利于协防，起到牵制作用。同时，还要找到最佳的接应点，同伴一旦进攻受阻，能把球接应出来，并能转化成最佳的攻击点，这就是空间意识。

怎样创造空间？布局要始终分散开，但要互相能联系上。既有持球人的进攻空间，又有无球人移动接应的空间，有里有外，内外结合。通过不停地跑动，建立有利于进攻和接应的空间，要求长距离，大范围地移动接应，注重进攻的连续性和机动性。速度快，变化多，使防守队员和球队抓不住进攻点和进攻路线，建立起合理有效的进攻通道。利用传切、切分、策应、掩护、挡拆等基础战术配合，创造出战机，使每个人都有作用。这就是在移动中不停地创造空间，直到完成进攻。我们衡量一个球员或一支球队有没有空间意识，就是要从这些方面看。

4.25　运动员在学完了空间意识以后，有集体意识的运动员不管多累，都能做到互相观察彼此之间的位置，及时调位、补位。没有集体意识的运动员，不管累不累，都不能做到互相观察彼此之间的位置，也不可能做到及时调位、补位。通过这一点就可以看出内修的重要性。

4.26　在训练和比赛中，如果不发动战术，往往容易出现传球人传完球后不移动，不调位的情况，这就会给其他人的移动带来困难。我们应该要求，传完球之后必须移动，这样既可以牵制防守人，又可以给其他队友的移动带来空间。无球人一定要做到在移动中调整进攻队形，只有这样才能吸引防守人的注意力，给同伴创造进攻的机会。

4.27　在训练和比赛中，教练员一定要让运动员建立进攻跑位的意识和学会移动的方法。一定要让运动员观察前后左右的情况，在此基础上选择前后左右的移动，如果运动员没有目的地移动，就会出现场面混乱的现象。

4.28 在训练和比赛中，不管是全场进攻还是半场进攻，都要让中锋参与接应转移球，也就是五人都要参与接应转移球。这样，接应点多，空间拉得大。

4.29 在训练和比赛中，有些运动员控球时总想着传关键球和助攻球，而不是根据球场上的情况来转移球。这样，必然造成球的运行不流畅，出现传难度球，以及传出不合理的球，或失误球，反而给进攻带来了难度。我们要让运动员养成观察全局的习惯，球该往哪里转移，就往哪里转移，该在谁手里，就在谁手里，要使球流畅地运行，要让每个人都有作用。

4.30 篮球运动是五人集体比赛的项目，每个人都有作用，都要参与其中，所以必须互相信任，必须分享球权，这样才能让每个人都有作用，都能进入和保持最好的比赛状态。

4.31 在训练青少年运动员时，必须注意球场上的意识训练。只要是有对抗训练，就应有意识训练的内容。有意识，没有技术的运动员，你可以让他干简单的事。有意识、有技术的运动员，你可以让他干复杂的事。但都必须有意识，都应知道自己该干什么。

4.32 青少年运动员最难练习的就是运用技术和空间的意识，因为这两项必须同时练习，缺一不可。如果没有空间，就谈不上运用；如果没有运用，有空间也没用。在强化这两项的同时，必须要求运动员有观察全局的意识。不管有球人，还是无球人都应如此，都要在观察的基础上，通过移动来调整空间，创造空间，利用空间，在此基础上，选择运用什么技术，运用什么方法。只有二者结合好了，运动员才知道怎么打篮球，才有可能学会打篮球。

4.33　我们虽然教了运动员很多的攻防技术和技巧，但是在运用技术训练中，有些运动员还会主动放弃很多内容。这与运动员的观察判断有关，与自信心、思路有关，与意识、性格有关，与人品、技术的熟练程度有关等。所以，我们在运用技术训练中，要解决这些问题，如不解决，你还是练不出全面型的运动员。在这个过程中，教练员要做到引导、教育。

4.34　运动员所做的一切行动都是意识领先，如果没有意识，他就不会行动。篮球运动员需要建立的意识内容有很多，而且在运用过程中，还有意识的转化。所以，我们在训练过程中，首先让运动员建立各种意识，然后再训练意识的转化。

4.35　在训练中，运动员要想练出全面技术和能力，必须是意识领先。有了意识，可以做不好，但他在做、在练，慢慢就会越做越好。没有意识，就不知道自己练什么，怎样练，就会盲目地行动，效果也不会好。所以说，我们在训练中，一定要让运动员知道，什么时候干什么事，干不好没关系，只要运动员按要求做了，就说明他有这方面的意识，他的观察、判断、选择是对的。长期坚持下去，就一定会成为有全面技术和能力的运动员。

4.36　篮球比赛是五人看局和布局的过程。不管是进攻还是防守都要求运动员在不停的移动中观察局面，变化布局，以适应进攻或防守的需要。因此，我们要提高运动员在移动中的观察能力，不管在场上做什么事情都要观察。如果不提高这种能力，运动员的判断和选择就会出问题。现在，有很多运动员做不到这一点，因此就发挥不出应有的水平，教练员在平时的训练中必须要求运动员在移动中的观察，并养成习惯。运动员如果做不到这一点，有多方面的原因，其主要原因还是练习得不够。

4.37　我们有些运动员在训练和比赛中，总是对协防和补防的概念弄不清楚，导致防守中出现很大漏洞。主要原因是概念不清楚，协防是在能控制自己所防人的基础上，在可能的情况下协助队友防守，给对方制造困难。注意：前提是在你能控制自己所防人的基础上，这点很重要，也就是说，如果你不能控制自己所防的人，你就不能去协防。补防是在队友完全被对方过了，没有可能再防守时，对方可以直接得分的情况下，你要放弃自己所防的人，去替队友防守，其他队员再帮你弥补漏洞。有些运动员协防的意识很强，但都是放弃自己所防的人，不观察自己所防人的移动，所以漏洞很大。要想练出好的防守，协防和补防是很重要的环节，教练员一定要让运动员知道什么时候该协防，什么时候该补防，只有运动员掌握了协防和补防的技巧，防守水平才能提高。

4.38　协防时，运动员应注意以下问题：

（1）要控制好自己所防守的人。

（2）当你所防守的人把你带到对方有球人的身边时，你可以干扰球，抢球，但不能完全放弃自己所防的人，一旦你所防的人离开，你马上要跟随离开去防自己的人。

（3）当你所防守的人不动，没有拉开进攻空间，这时进攻持球人又从你这里突破，你可以协防干扰球或抢球，一旦你所防守的人移动离开，你要马上跟随离开，不给对方接应的机会。

（4）是防守战术的需要，教练员的安排，比如外线对中锋的协防，弱侧对强侧的协防，主动放弃某人的协防，防内不防外的协防，防外不防内的协防等。

总之，协防是帮助队友和体现整体防守质量高低的表现形式，不能顾此失彼，一旦顾此失彼，协防就没什么意义了，还不如让对方一打一，也许还打不成，就算是打成，也有难度，总比既有协防，又漏洞百出要强。

4.39　练习各种区域联防时，主要的要求就是五人随球跑阵型。这点很重要，因有主防、有协防、有延误、有控制内、有控制外。根据球的转移，每个防守人的任务都在发生变化，所以必须随球调整位置。

4.40　在有针对性的练习区域联防时，要求一定要简单，也就是说，知道了对手的进攻战术时，我们要根据对手的进攻布局、进攻特点以及重点人，采取简单的方式来防守，一定要比平时练习区域联防时的要求简单，平时练习要求各位置都要防，但我们现在是防重点。

4.41　进攻中的布阵永远不要密集，进攻人之间永远要保持一定的间距，要有利于运动员之间的联系、接应，要有利于持球人的进攻，互相之间不碍事，不停地调整位置。

4.42　防守中的延误是根据时机来选择的，而不是什么时候都要延误。要做到不能轻易让进攻人在一个位置上吸引我们两个人，这需要运动员的观察、判断、选择的准确性，移动的快速性、合理性。只有多练才能做到。

4.43　不管是盯人防守还是区域联防都有基本原则和要求，但是原则的内容基本不变，要求的内容是可以变的。比如说，人盯人防守的主要原则就是堵截，堵人、堵球、封盖。但是，堵和封的要求是可以变的，可以强行堵，就是利用身体、利用脚下，贴身防守。可以领堵，利用脚步把对手领堵到篮下，再进行贴身防守。这种防守的要求变化，主要是根据对手的情况而定。区域性的防守也是一样，主要原则是堵中放边，再防边，但要求是可以变的，也是根据对手的情况而变。要看对手是外强还是内强，或许内外都强，要做到让对手打不出强来，你的要求就是合理的。

4.44　在扩大人盯人防守时，一定要每一个位置都追紧。不让对手随便传球，让他只能运突，让他单打独斗，遇掩护换人，目的就是不让对手打整体配合。

4.45　在人盯人防守练习中，主要应强化个人防守能力；在区域性防守中，主要应强化整体防守能力。一定要记住是主要，而不是一定。因为，任何防守形式都有主次之分，在完成主要内容的基础上，次要的也不能放弃。

4.46　在练习各种形式的防守阵型时，一定要让进攻的形式多，只有进攻的形式多，还能防住，才能练出好的防守。不管是盯人防守，还是区域性防守，都应如此，要假想对手可能这样进攻，也可能那样进攻，运动员见得多了，练习得多了，各种反应才能快，才能有应变能力。

4.47　在练习进攻时，一定要让运动员把握好进攻机会，不管是发动战术，还是随机进攻，都应如此。不会把握机会的运动员，说明观察能力不好，对战术理解不好，也是能力不全面的表现。

4.48　在各种防守练习中，对运动员应该有很多不同的要求，这是根据对手的情况而定的，谈不上什么要求好，什么要求不好，只不过，要防止运动员在运用过程中出现问题。大家都知道，不同的防守有不同的要求，但运动员已养成的防守习惯和防守意识不容易改，这往往会给有些防守形式带来困难。比如说：练习了一段时间的盯人防守后，再练习区域防守时，运动员会在防守习惯和意识上出问题，这是很正常的现象，只有多练，两种防守形式交替练习，或多种防守形式反复交替练习，运动员才会习惯，才能做到运用自如。

4.49　为了破坏对方的进攻战术配合，现在，很多球队遇掩护就换人，使对手的很多战术发动不起来，效果非常好。这也是防守的发展趋势，以后会用的队越来越多，那发动进攻战术的意义就不大了，因此，随机进攻打法会越来越流行。

4.50　篮球是集体项目，因此，从攻到防，教练员都要研究整体配合的内容和效果。进攻要研究怎样使自己的队员互相之间更容易联系上，防守要研究怎样使对方的队员互相之间不容易联系上，这就是促使进攻和防守不断发展的原因。趋势是，以后的进攻和防守都要进入整体的流水作业形式。所谓流水作业形式就是，分工更明确，任务更简单明了，程序化的交接运用更多，每个运动员的作用都不容小觑，因此，每个运动员的个人攻防能力和内外攻防能力会更强、更全面，运动员之间的合作默契和语言交流会更重要。

举例说明：如进攻的发展，会利用传球、转移、切分、接应、布局、移动、内外结合等方法和手段，使打法越来越流畅，流畅本身就是流水作业形式的体现。防守的发展，如盯人防守时的频繁换人，不考虑内外线；补防时的轮转调位；延误后的迅速撤离等。区域性的防守任务更简单明了，分工更明确，任务转接更迅速，交接更频繁等。如分工、外线防投不防切，但护送切，护送到内线交接，然后迅速离开，去完成其他防守任务，封传球路线，干扰球，断球；内线防堵人、防堵球、防封球，接外线护送进来的切入的进攻队员，有等堵、迎堵等。这些内容都是流水作业形式的体现，今后的发展会更精细、更流畅。如今谁能先走到这一步，谁就会抢占优势地位。

4.51　为什么同是一个队、同是一样的要求、同是一样的攻防体系和内容，在不同人的组合下而产生不同的效果？这里面，有个人能力问题、有队员之间的配合问题、有行动的一致性问题、有行动的统一性问题、有行动的及时性问题、有行动的默契性问题、有队员之间互相信任的问题、有队员之间团不团结的问题等。教练员就是要在平时的训练中，及时发现是什么问题，才能对症下药，及时纠正，这也是体现教练员执教能力和水平的一个重要因素。

4.52　篮球是一个集体项目，世界上不管多优秀的篮球运动员都离不开他的集体，没有集体，他什么也不是。篮球比赛分工是很明确的，而且角色是互相转化的，一个人不可能把所有的事情都做到，并做好，所有人都必须依赖自己的同伴，只有同伴把其他事情做到，并且做好了，你才能发挥自己的特长。所以，希望所有从事篮球事业的运动员和教练员一定要认识到集体的重要性、要尊重这个集体、要爱护这个集体、要关心这个集体、要为这个集体做贡献。

4.53　所有进攻阵型和防守阵型都没有过时的说法。同时，所有进攻阵型和防守阵型最初的布阵和布局不能说明任何问题，只有发动起来的时候，看它的变化。这种变化是随着篮球运动不断发展而不断变化的。你能随着发展而不断变化，那么，各种阵型对你来说就好用。你不能适应发展和变化，各种阵型对你来说就不好用。因此，我们在变化时，一定要在要求上下功夫。

4.54　在篮球运动训练中，阵型变化多是一方面，阵型变化精是另一方面，两方面都能起作用，但还是精最起作用。多是让对手不适应，精也是让对手不适应。但多而不精，只能对付弱队，只有精了，才能对付强队。所以，我们要在训练中做到既多又精。多是为了让自己的队员了解更多的内容，精是为了实战中能准确运用。

4.55　在训练各种攻防阵型时，总是认为练多了就不精了。一开始是这样的，但随着练习次数的增加，会逐渐精准。这是因为很多阵型的训练内容和要求是有重叠的，即使有不重叠的地方，只要运动员熟悉了，就会运用自如。之所以多而不精，是因为练习不够，运动员不熟悉，或要求不合理，运动员的能力达不到。我们要根据情况，看是哪方面的原因，及时修正，就会逐渐达到目的。

4.56　不管是进攻还是防守，都有战略指导思想。进攻的战略指导思想是，逼迫防守队只能按照进攻队的布局被动地防守，也就是说，让防守队哪一点都要防，在此基础上，让防守队顾此失彼。防守的战略指导思想是，逼迫进攻队只能按照防守队的布局来被动地进攻，也就是说，我逼迫你只能用我让你的这种形式进攻，而且是盲攻。进攻和防守都是为了争取主动，避免被动，这就要看双方谁运用战术布局和要求更合理，谁更坚决果断。为了达到战略指导思想的目的，攻守双方都会运用和使用很多战术布局和技巧方法，有时为了达到目的，或根据对手的情况，主动放弃一些进攻或防守的内容和要求也是可以的。

4.57　进攻时，无球人为什么要多移动？因为无球人的主要任务是牵制者和接应者，同时，他也可以随时转化成进攻者和组织者。在作为牵制者和接应者的时候，他的移动可以牵制防守人的注意力，使防守人不敢协防。在有球人进攻不利的情况下，他的移动可以抢占有利的进攻空间，一旦球到手，就可以很顺利地转化成为进攻者和组织者。如果无球人站在原地不动，就会使防守人很容易做到人球兼顾并很容易协防，就是球到手了，进攻的空间也不会好。所以，一个队进攻水平的高低，不是只看有球人的表现，在大多数情况下是看无球人的表现。原因很简单，有球人只有一个，无球人有四个。虽然有球和无球可以随时转化，但还是只能一人拿球。篮球是集体项目，不管在什么情况下，不管是有球还是没球，都可以进攻，谁先进入有利于进攻的位置或区域，球就应该在谁手里。从这点看，也能说明无球人移动的重要性。

4.58　配合是一种意识，是一种能力。没有意识不行，没有能力也不行。意识是整体运作的内容，能力是个人水平的高低，两者缺一不可。个人能力难练，整体意识也不容易形成，关键是教练员能不能结合好。在练个人能力的时候，有没有结合整体意识的要求，在练整体意识的时候，有没有对个人能力的要求。有，说明结合得好；没有，说明结合得不好。好，就会省时间，就会有效率；不好，就会浪费时间，就没有效率。

4.59　在练习进攻战术时，第一要考虑的就是布局，我们要利用进攻战术的布局来调动防守人和防守布局，使之出现防守漏洞或防守薄弱环节。第二就是要抓住每个进攻战术的进攻环节，不放弃任何一个，只有抓不住的时候或没有机会的时候，才往下延续。第三要把基础战术的意识和随机打法的意识合理地运用到整体战术中去。因为每个进攻战术都有很多环节，每个环节又都是由基础战术配合组成的，一环扣一环，不管哪一个环节出现了进攻机会，持球人都有可能选择进攻，这时，如果其他人还在跑进攻路线，而不是根据自己同伴的进攻来随机选择合理的行动，就不可能发挥整体战术的最大效用。

4.60　在进攻中，前锋的沉底落位与中锋的沉底落位一样重要。

（1）布局布阵的需要。

（2）运作进攻空间和接应空间的需要。

（3）调动和牵制防守人以及防守阵型的需要。

（4）压缩防守空间的需要。

（5）给后线队员拉开进攻突破空间的需要。

（6）有利于底线穿插和上提接应的需要。

（7）有利于进攻观察和行动的需要。

（8）不利于防守人观察、判断和选择的需要。

总之，好处有很多，所以在练习进攻战术时，一定要让运动员养成沉底落位的习惯和意识。

4.61　篮球运动的规律之一，就是内外结合。但是，不管什么形式的内外结合，都要让球内外进出自如，这才是有效的内外结合。如果球只能进，不能出，或球只能外，进不了内，都不是内外结合。要做到流畅的内外结合并不是一件容易的事，它需要球场上的五名运动员都有全面的能力，并且配合默契，时机把握准确，合理地布局和分散面广，分工明确合理，牵制和接应到位，才能做到。教练员一定要下大功夫研究并训练运动员，使流畅的内外结合完美地体现在本队身上。

4.62　人盯人防守和区域防守在防守原则和要求上，有相同之处和不同之处。

相同之处：

（1）都是人球兼顾。

（2）都对持球人有压力。

（3）都是对有球侧突出，无球侧回收。

（4）都有伸缩性、攻击性、协同性和布局。

（5）都有夹击、轮转调位。

（6）都有延误、保护、协防、补防。

（7）都有顶抢篮板球。

不同之处：

（1）人盯人防守是人球兼顾，以人为主，随自己所防人的选位移动；区域防守是，人球兼顾，以球为主，五人随球移动布局。

（2）人盯人是有固定人的防守；区域防守是没有固定人的防守。

（3）人盯人防守是控制住自己所防的人；区域防守是控制自己所在区域里的人。

（4）人盯人防守始终知道自己在防谁；区域防守不知道自己防守谁。

（5）人盯人防守遇掩护可换人；区域防守遇掩护只能自己抢出，同伴只能帮你延误。

（6）人盯人防守内外线防守有明确的分工；区域防守内外线防守没有明确分工，只有区域分工。

4.63　练习全场区域紧逼的基本原则、要求和注意事项：

（1）堵中路，放边路，再防边路。

（2）人球兼顾，以球为主，五人随球移动布局，跑动一定要快。

（3）球一旦超越自己，要全力退回。

（4）边角夹击，轮转调位。

（5）最后一线，以守篮下为主，不让对手上空篮，在此基础上要出击抢断、夹击。

（6）宁可没有抢断，没有夹击，也要全力退回，形成半场防守。

（7）一定要随球布局，不要随人布局，因随人布局、局容易散。

（8）五人快速随球启动最重要，它是防守质量高低的关键。

（9）在不违反基本原则的基础上，运动员怎样移动可灵活掌握。

4.64　中场和半场区域防守的原则和要求及注意事项：

（1）堵中放边，再防边。

（2）人球兼顾，以球为主，五人随球移动布局，跑动要快。

（3）如安排夹击，就要坚决果断，轮转调位，切断传球路线。

（4）同伴移动不过来，邻近位置的队员要帮助延误，可跨区防守。

（5）伸缩性要大，对有球人的压力要大。

（6）五人之间的防守间距不要太大，要有利于协防、补防。

（7）在没有特殊防守要求时，个人对持球人防守时一定要像人盯人防守一样，投、传、切都要防。

（8）有特殊防守要求时，外线可扩大防守范围，断线防守断球、防投篮，不防切，但一定要互送到位。中路堵截的人，一定要始终对着持球人，有利于堵截，争取把切入的人堵在三秒区外。

（9）守住中路是重点，无球一侧大胆回收，所有人跑动距离要加长。

（10）用简单的一句话概括就是，五人以最快的速度随球跑阵型。这是区域性防守的精华所在。

（11）区域防守有时候不好控制篮板球，所以，所有人都要参与抢篮板球。

4.65　半场区域性防守的发展趋势：阵型变化多，内外分工明确，外线用跑动来防投篮，内线用堵截脚步来防切入，五人随球跑阵型，有球侧突出，无球侧收中路，防中路，伸缩性大，防守范围大，移动距离长，帮同伴延误运用较多。总之，要求五人的跑动能力越来越强。

4.66　在进攻联防时，当战术发动过程中，对方的防守阵型已经偏向一侧时，球就要迅速转移，有目的地投篮或切分。

4.67　进攻各种联防阵型时，切分是一种有效的进攻形式，但有些队员运用不好，主要原因是没有保护好球，让附近的防守人干扰到球，不是球丢了，就是传不出去。所以，越是在进攻联防时的切入，越要转体侧身保护球。

4.68　一二二中场区域防守变半场二一二区域联防的原则、布阵和要求。

原则：堵中放边，再防边；人球兼顾，以球为主；随球跑阵型；外线防投不防切；中间堵截封投传；随球移动跑动快；抢断意识要加强，断线防守是关键；内外伸缩要及时；面积控制要扩大，距离跑动要加长；五人都要抢篮板，篮板到手或抢断成功才算完。

布阵：一二二，一从中场开始防，一是高大队员，防守任务是对后位紧逼，迫使后位把球传给边路，上线的二要协助一防守，不能让后位从中路突破。当球转移到边路时，变二一二防守。

要求：一从中场一直防到底线，随球不停地调整防守位置，始终对着持球人。上线的二和下线的二，首先控制中路，一旦球转移到边，迅速出击，防投、防传球路线，不防切，但要护送切入的人到中间堵截的同伴身旁。另一侧的防守人要回收到中路，防内，抢篮板球。一旦球转移到这边，和另一侧的要求一样。底线的二有防守内线的任务，各个位置都有帮助同伴延误的任务。这种阵型防守质量的高低，主要看整体的伸缩性和随球跑动的速度，以及中间堵截的能力。

4.69　三二区域联防和一三一区域联防互换的防守时机和注意事项：

首先要学会这两种防守布局的内容、原则和要求，同时，要知道这两种防守的不足之处。三二联防主要是以对位的形式来完成防守任务，中锋一旦上提，防守阵型就不好控制。一三一联防，主要是两边的底线容易出现问题，后线的一不能一个人控制两边的底线。互换这两种防守阵型就是要解决这些问题，也就是说，当对方的中锋上提时，我们就按一三一联防的防守原则和要求来防守，中锋不上提时，我们就按三二联防的防守原则和要求来防守。

变化时机：如果防守布局是三二联防，当对方中锋一旦上提，防守他的中锋就要大声喊叫，上提了。这时，所有的队员就要按一三一联防的原则和要求来防守了。如果对方的中锋下顺了，我们又自然变成三二阵型了，这时，所有的队员就要按三二联防的防守原则和要求来防守了。

注意事项：这两种防守布局的原则和要求是不一样的，三二联防是以对位的形式，加强伸缩性的防守，以个人防守为主，切入、投篮都要防，其他位置上的人只是帮你协防。一三一联防是以断线，外线防投，不防切，内线堵截的防守形式。两种防守的要求差别很大，要求运动员变化的反应一定要快，要及时，这样才能完成防守任务。如果在训练时运动员反应不过来，变化一次就可以了，也就是三二变一三一后，我们就一直防一三一。

4.70 在守联防时，如果对方投篮准，而且外线都能投，那就一定要把防守阵型向上推，这样就可以扩大防区了。这时，一定要告诉运动员，防止对方把球直接吊到篮下，如果对方吊球，要尽一切努力把球破坏掉，如果不能抢断、不能破坏掉，也一定要有人移动到位进行防守，让对方感觉到这个点不好打。二三联防、三二联防、二一二联防、一三一联防、都可以这样。

4.71 中场大一三一区域紧逼，变半场一三一联防的原则和要求。

原则：（1）堵中放边，再防边；

（2）人球兼顾，以球为主，五人随球移动布局，跑动要快；

（3）边角夹击，轮转调位，断传球路线；

（4）伸缩性要大，对有球的人压力要大；

（5）五人之间的防守间距不要太大，要有利于协防、补防。

要求：从中场开始，对有球人紧逼，迫使对方把球传给边角，球过前场就进行夹击，轮转调位，断传球路线，另一侧回收中路和篮下。如果没有夹击住对方，应尽快回收成半场一三一联防，继续进行防守。这时的防守要求是，外线防守人，防投不防切，断线防传球，护送切入人；中间防守人，堵截从外线切入的进攻人和传球，如果球转移到底角，底线的一和外线的人可以夹击。有球侧突出时，无球侧一定要回收中路，伸缩性要大，防守范围要大，移动距离要长，要帮助同伴延误。

这种防守形式要求运动员快速跑动的能力必须强，如果不强就不适合练习这种防守。所以说，篮球运动员的快速跑动能力永远是最重要的素质。

4.72 区域性防守时最好是从全场开始，然后转成半场，也可以从中场开始，转成半场。好处是对手不能直接布阵进攻，必须先破大，再破小。这样，可以延误对手的进攻时间，可以消耗对手的体力，可以打乱对手的进攻布局。

4.73 区域联防最难练的就是随球跑阵型，能把阵型跑到位很难。如能不能五人同时动，防持球人到不到位，能不能既防投，又防切。两侧协防的人能不能既有协防，又能快速及时地回到主防位置，做到球到人到。守内的时候，该收的时候收没收。守外的时候，该出去的时候出没出去，本区域有两人时怎么办。这些内容在很短的时间内是很难练好的，运动员经常是顾此失彼，形成不了整体防守布局。

主要原因就是随球移动太慢，或有的快有的慢，或跑得不到位，或有些运动员懒得动，因此，形成不了网状形的防守。在练习区域联防时，一定要让所有运动员随球跑阵型，阵型先跑到位，我们才可能提其他要求。

4.74　运动员刚开始练习区域联防时，顾此失彼是很正常的现象。原因有很多：

（1）把人盯人的原则和要求与区域联防的原则和要求弄混了。

（2）不能及时随球移动。

（3）顾及自己防区的人，而没顾及整体阵型。

（4）固有的习惯改不了。

（5）运动员本身移动慢。

（6）对区域联防的原则和要求没有理解。

（7）顾虑太多，行动不果断。

（8）对自己的队友不放心，而不采取行动。

（9）作风不好，积极性不高。

（10）观察、判断、选择不好等。

每个队可能出现的情况不一样，但都必须耐心解决。不解决这些问题，区域联防的防守质量就不会高。

4.75　现在，大多数球队使用的半场区域联防是二三联防和三二联防。在此基础上，我们可以变化一下，也就是说，二三联防可以变成二一二联防，三二联防可以变化成一三一联防，阵型差不多，但要求不一样，对方还不容易看出来，可能会有奇效。

4.76　为什么区域防守，守大比守小好？原因很简单，守大时，包括守小；守小时，不包括守大。守大时，对手既要破大，又要破小，两者都要兼顾好，如兼顾不好，就破不好。它对所有进攻人的能力要求比较高，有一两个点能力不行，就会影响进攻。守小时，对手只破小，球容易转移，容易调动防守人，容易布阵，容易发动战术，对进攻人的能力要求不是太高，有特点就可以了。守大时，对手在进攻时，容易失去联系；守小时，对手进攻时，容易联系上。守大时，给对手的心理压力大；守小时，给对手的心理压力小。守大时，对手的精神状态始终都要高度集中；守小时，对手的精神状态可以有所缓冲。根据以上分析，我们就知道了守区域性防守，守大比守小好。

4.77　现在的区域防守，要求攻击性和压力越来越大，没有攻击性和没有压力的区域防守，基本上没有什么作用。尤其是中场和半场的区域防守更是如此，要求运动员的跑动能力必须强，随球移动必须快，防守任务简单、明了，完成防守任务坚决、果断，配合衔接默契，各负其责，形成网状的、有攻击性的、有压力的整体防守阵型。

4.78　区域防守的发展趋势。现在的区域防守是由大守到小，比如说：从全场守到半场，从中场守到半场，都是由大守到小。那么发展趋势是什么呢？就是由大守到小，再由小守到大，伸缩性非常大，压力非常大，攻击性非常强。这就要看教练员怎么要求了，要求合理就能做到，要求不合理就做不到。

4.79　为什么说区域防守发展趋势是由大到小，再由小到大？这是由篮球运动自身规律所决定的。进攻讲求内外结合，能里能外，伸缩性强。那么，防守也要跟上，现在各队的教练员都在研究，怎样才能内外都能防好，体现出整体防守的能力，怎样破坏对手的进攻布局、进攻战术、进攻节奏，怎样既有攻击性，又有压力，进攻队只能按照防守队的意图来盲攻，这是每个教练员都想得到的防守效果。

要想达到此效果，就要从整体防守上下功夫。首先，给每个位置防守人的要求要简单、明了。其次，要有接力意识，也就是说我完成了我的防守任务后，就要交给下一个人，让他完成下一个防守任务，我马上离开，去完成其他的防守任务，避免一个区域吸引我们两个防守人。如延误，还有外线防投不防切，但必须护送到位，中路防守人只防堵人堵球的任务等，都是接力意识的体现。要做到这些，需要下一番功夫练习，练习熟了，就会使防守阵型由大变小，再由小变大。

4.80　区域防守发展到最后，夹击会用得很少，原因之一是，防守的空间会越来越大，轮转调位会来不及；原因之二是，不能让进攻队在一个位置上牵制更多的防守人。要求个人对持球人的攻击性防守会越来越强，因为不怕被过，所以敢大胆快速地逼近；因为分工明确，有防投防传，有防堵防传，所以防守任务简单。能够把现代的盯人防守和区域防守的优点完美结合，这是发展方向。

4.81　练习区域防守时，我们为什么要先讲阵型、原则和要求，而不先讲细节？这是因为阵型是根据原则和要求以及场上的情况而变化的，其中，原则和要求是不变的，细节是千变万化的，你是讲不过来的。等到大的原则和要求做到了，这时，出现什么细节问题，就说什么细节问题。

围绕大的原则和要求来讲细节，就不会出现大的问题，如果以细节为主，就有可能出现大的原则性问题，这就叫作主次颠倒。所以说，我们教练员在教学过程中一定要注意这一规律。

4.82　中场大二一二区域紧逼，变半场小二一二区域联防的原则和要求。原则：

（1）堵中放边，再防边。

（2）人球兼顾，以球为主，五人随球移动布局，跑动要快。

（3）边角夹击，轮转调位，断传球路线。

（4）伸缩性要大，对有球的人压力要大。

（5）五人之间的防守间距不要太大，要有利于协防、补防。

要求：从中场开始，对有球人紧逼，迫使对方把球传给边角，球过前场就进行夹击，轮转调位，断传球路线，另一侧，回收中路和篮下。

注意：协助四角夹击的队员是二一二的一位运动员，也就是落位在中间的运动员，如果没有夹击住对方，应尽快回收成半场二一二联防继续进行防守。这时的防守要求是：外线，防投不防切，断线防传球，护送切入人；中间防守人，堵截从外线切入的进攻人和传球。如果球转移到底角，底线的一和外线的人可以夹击。有球侧突出时，无球侧一定要回收中路，伸缩性要大，防守范围要大，移动距离要长，要帮助同伴延误。这种防守形式要求运动员快速跑动的能力必须强，如果不强，就不适合练习这种防守。所以说，篮球运动员快速跑动的能力永远是最重要的素质。

4.83　全场二二一区域紧逼，变半场二一二区域联防的原则、布阵和要求。原则：

（1）堵中放边，再放边。

（2）人球兼顾，以球为主，五人随球移动布局，跑动要快。

（3）球一旦超越自己，要全力追回。

（4）中场边角夹击，轮转调位。

（5）最后一线，以守篮下为主，不让对手上空篮，在此基础上要出击抢断、夹击。

（6）宁可没有抢断，没有夹击，也要全力退回，形成半场二一二防守。

布阵：全场二二一从四分之三场地开始守，守半场时，最后一线的一守中间，其他位置的队员正常退回，形成半场二一二的区域联防。

要求：守全场时，一线的队员一定要给有球人压力，追得要快、要狠。二线的队员一定要堵住中路，争取在中场形成夹击。如没有形成夹击，快速退回布阵二一二。守二一二时，守中间的一要随球不停地调整位置，始终对着持球人，随时准备好堵截传进来的球和突破进来的人。上线的二和下线的二，首先控制中路，各位置的人要随球出击，防投，防传球路线，不防切，但要护送切入的人到中间堵截的同伴身旁。无球侧的队员要收到中路，防内，抢篮板球。一旦球转移到这边，和另一侧的要求一样。底线的二有防内线的任务，各位置都有帮助同伴延误的任务。这种阵型的防守质量的高低，主要看整体的伸缩性和随球跑动的速度，以及中间堵截的能力。

第五部分

身体训练的思路

5.1 篮球运动项目的体能训练是有其特点的。

（1）强度上得快，恢复也要快，因此，练体能时，要把强度和恢复结合好。

（2）篮球运动项目还是脑力和体力同时消耗的运动项目，因此，练体能时，又要把脑力和体力结合好。

（3）篮球运动项目技术种类比较多，因此，还要练习操作技术中的体能。

（4）篮球运动项目还是复杂反应运动，特点是移动中的制动和启动，因此，练体能时，还要结合制动和启动来练习。

（5）篮球比赛也是周期比较长的项目，青少年的赛会制，甲A联赛耗时几个月，因此，体能训练应以储备体能为主。

我们一定要根据这些特点来练习体能。

5.2 篮球运动员应该怎样练习力量。

（1）要像武术和体操运动员一样，练习灵活性的力量，这是因为篮球运动需要灵活。

（2）篮球运动员需要对抗力，因为篮球运动对抗性很强。

（3）篮球运动员需要持久力，因为比赛周期长。

（4）篮球运动员需要支撑力，急停、急起、对抗。

（5）篮球运动员需要有保证速度和强度的能力，这是项目的特点所决定的。

（6）篮球运动项目有很多技术种类需要力量的支持，因此，必须根据技术动作的结构练习力量。

根据以上特点，我们在练习力量时，应以小或中等重量来练习。

要求是，次数多，组数多，以支撑力量为主，动作速度快。结果是，能量储备多，保持时间长。

5.3　篮球运动员的协调性和灵活性，以及脚下功夫是非常重要的素质，这些素质不提高，会影响运动员的发展水平。

在训练中，运动员可以通过运球来提高这些素质，这样，既可以提高手上功夫，又可以提高脚下功夫，还可以提高运动员的协调性和灵活性，起到事半功倍的效果。

因为运球训练的内容有很多。有原地的、有移动的、有一个球的、有两个球的，还有很多技巧和方法，手和脚必须同时工作，如果没有很好的灵活性和协调性，是运不好球的。

我们要求篮球运动员的协调性和灵活性，必须是在控球时的协调性和灵活性，如果没有这样的协调性和灵活性，那运动员的协调性和灵活性就使用不上。如果运动员在控制球、支配球、运球时都能很灵活、很协调，那没有球时，就会更灵活、更协调。所以说，运球训练是篮球运动训练基础之中的基础，我们一定要抓好。

5.4　篮球运动员的灵活性和协调性的发展空间是很大的，只要是我们能设计出来的动作，运动员都能学会。现在的篮球技术和技巧已经发展到非常任性化阶段，打破了以往的束缚，怎么练都可以，只要是有效的技术动作和技巧，大家就会认同。我们的视野要宽一些，要远一些，因为我们始终是在实践的第一线，我们应永远走在理论的前面，不要让过去的理论束缚了我们的手脚。

5.5　篮球运动员最重要的身体素质是灵活性和协调性。因为它是发挥其他素质的桥梁和纽带，并有节能作用。所谓节能，就是节省消耗，以最小的消耗，换来最大的效益。

有了灵活性和协调性，速度、力量、弹跳等素质就可以发挥到极限，没有灵活性和协调性，速度、力量、弹跳等素质就会打折扣。灵活性和协调性能够动员全身各部位的肌肉参与运动，同时，能够快速调整肌肉的运动方向和做工角度，使肌肉在工作过程中，该紧张的紧张，该放松的放松。

篮球运动的各种急停、急起，不同方向的移动，不同姿势的跑动，跳起的各种难度等，哪一项也离不开灵活性和协调性。

因此，我们一定要重视灵活性和协调性的练习。同时，一定要做到，会练会教。

5.6　篮球运动员最难练习的内容就是灵活性和协调性。灵活性和协调性的练习花费时间最长，训练内容最多，而且最不容易见成效。我们在这方面已经落后了，必须迎头赶上。

5.7　篮球运动员的灵活性和协调性可挖掘的空间非常大。所有手脚配合的训练，都可以说是灵活性和协调性的练习，只要我们有意识地设计，就会设计出大量手脚配合的训练方法和技巧。

5.8　篮球运动项目在训练技术时可以解决体能问题，在训练意识时可以解决体能问题，在训练攻守战术时可以解决体能问题，在技术和意识同时训练时，也就是运用技术训练时可以解决体能问题。总之，在任何综合性的攻守训练中都可以解决体能问题，体能训练并不难，只要是你在训练中不停地消耗运动员的能量，再有一定的强度，长期坚持恒量，目的就能达到。

关键是我们把体能训练想得太复杂，好像它是取胜的唯一源泉。我们要知道，体能训练在篮球训练中是最容易解决的，是普通人在没有教练员的情况下都能自己解决的问题，难道我们专业队解决不了吗？关键是，我们用什么样的训练方法和手段来达到既提高了体能，又提高了其他方面的能力。

5.9　现在，我们总是说核心力量，练核心力量，但不重视怎样运用核心力量。所谓核心力量就是能把上下肢联系起来的力量，也就是腰腹力量。腰腹是身体的中轴，是联系上下肢运动的关键部位。

腰腹力量的运用与上肢的重心转移和下肢的开立蹬地有很大的关系，如果上肢的重心调整不好，下肢的开立蹬地不到位，核心力量就用不好。所以核心力量的运用，关键还是技巧，没有做到以上技巧，你练核心力量也没有用，有了以上技巧，你才能够有效地运用核心力量。

一个运动员能不能合理有效地运用好核心力量，只要看他能不能连续地急停急起，快速地做各种转身动作，快速地前后左右移动，快速地起跳，同时，在做这些动作时，运动员没有失去身体重心的，说明核心力量运用得好，失去身体重心的，说明核心力量运用得不好。我们知道了这些以后，就知道在以后的训练中对运动员应该要求什么了。

5.10　篮球运动员核心力量的运用是有很多条件的。需要有灵活性和协调性，上肢的重心不能失控，下肢的开立支撑蹬地要适度，技术动作要熟练，遇到对抗时全身的力不散，也就是撞不过对方也不会失去重心，随意前后左右移动、变向、起跳、各种转身都能控制重心，不失重心，也就是不管做什么动作永远能够把上肢和下肢的动作幅度用腰腹控制住。如果重心超出了腰腹的控制范围，那核心力量就不起作用了。因此，我们在讲核心力量和练习核心力量时，一定要把这些内容说给运动员，否则运动员只知道练习核心力量，而不知道怎样运用。

5.11　我们有很多身体训练的内容和专项脚步练习，都可以结合运球来练习。比如说：灵活性和协调性的练习、攻防专项脚步练习、腿部力量练习、蹬跨弹跳练习、核心力量的掌控及运用的练习，各种前后左右的跑动练习，急停急起的练习，折返跑的练习等都可以结合运球来练习。这样做，可以达到事半功倍的效果，希望教练员们在这些方面下功夫，多做有利于运动员提高的事情。

5.12　为什么篮球运动训练在技术训练、意识训练、运用技术训练、战术训练等内容中要结合体能训练？

原因是：篮球运动是脑力劳动和体力劳动相结合的运动，需要同时消耗脑力和体力的很多能量。如果结合不好，我们所练的体能，就不能帮助我们完成比赛任务。大家都知道，人在缺氧的情况下，头脑的反应就慢，人在累的时候，技术动作就不稳定，而篮球运动就是经常在这种情况下比赛。所以，我们就要多在这种情况下训练，就要做到脑力和体力同时消耗。如果我们经常把脑力以及其他的训练内容与体能训练分开来练习，就会出现不实用的体能。只有在有一定强度的情况下，运动员反复进行练习，才能提高运动员在疲劳状态下技术运用的稳定性，以及大脑抗疲劳的能力。

第六部分

心理训练的思路

6.1　运动员的心理暗示会影响他们的技术动作和技术水平的发挥。不管是训练和比赛，运动员都会出现心理问题，不管是积极的或消极的，心理暗示都会有影响。

我们要知道，运动员的心理素质不好，不是只有害怕，害怕只是表现形式之一。此外，急躁、轻视、无所谓、胆大妄为等也是经常出现的表现形式，还有很多，这里就不一一列举了。

比如说，运动员在训练和比赛中急于求成，就会影响技术动作。这时，运动员太想成功了，在做动作时，不是慌张着急，就是犹豫不决，不能从容果断，这些表现都会影响技术动作的结构。所以，在训练和比赛时，我们一定让运动员知道这个道理，让运动员把心理调整到适度，想的是把握机会和技术动作结构，而不是成功与否。

我在训练和比赛时，发现很多投手运动员就有这种情况，其结果就是投篮时，不是弧度低了，就是出手慢了，这都是技术动作结构变了，所以，我们一定要学会帮助运动员分析解决这些问题。

6.2　篮球运动员的性格特征，对运动生涯影响很大，因此，教练员必须引起重视。我们在选才的时候，主要看的是外在条件，只要外在条件基本具备，我们就会选中，并加以训练。但在训练过程中，影响运动员成长进步的因素，主要是内在条件。性格特征的表现就是其中之一，如果教练员不重视对运动员性格方面的培养，将会降低成才率。

6.3　教练员要在训练过程中发现运动员的性格特征表现，并在此基础上进行培养、教育、引导。教练员要知道，改变一个人的性格很难，但是，我们可以通过训练，通过引导教育，改变运动员的行为方式。

6.4 为了使大家能够更好地了解性格及性格特征。现在，给大家介绍一下专业研究内容，以便大家在工作中运用。

研究人员所说的"性格"是指在不同时间和不同场合下始终保持一致的思维、感觉和行为特征模式。经专家研究，性格50%是天生的，50%取决于后天。根据五大性格模型，人的性格可划分为五大类别或范畴，分别是开放性、尽责性、亲和性、神经质和外向性。具体表现：开放性的，求知欲强，有创造力，能敏锐地感知艺术和美，想象力活跃；尽责性的，有条理，始终如一，值得信赖；亲和性的，彬彬有礼，信赖他人，重合作而非竞争，富有同情心；神经质的，担忧，压力感，容易感到沮丧和焦虑，喜怒无常，情绪多变；外向性的，健谈，爱交际，果敢自信，交往中表现强势。

这些特征往往会随着年龄的增长减弱或增强。人的性格会在成长的过程中自然地发生变化。专家还表示，性格要想有所改变，就需要有意识地坚持一些行为，让它们最终形成习惯。这一过程可能痛苦而尴尬，但却是心理成熟的必由之路。

6.5 实际上性格特征的表现形式是有交叉的，不是绝对的，这一点一定要跟运动员讲清楚。

所谓交叉就是这五种性格特征你中有我，我中有你，只不过是某一方面偏重一些。我们真正需要研究和了解的是对我们训练有影响的，对运动员成长进步有影响的内容。在此基础上，我们要做到让运动员保留对训练和成长有利的性格特征，改变对训练和成长不利的性格特征。

6.6　要改变运动员不利于训练、比赛以及成长中的性格特征，教练员需要知道的内容，以及应做的工作。

（1）教练员要知道，运动训练本身就能改变和塑造运动员的性格，只不过在这个过程中，教练员应该再精细些，根据不同的对象，提出不同的要求，帮助运动员更快地塑造自己，改变自己。

（2）教练员还要知道，性格不分好坏，只是对人、对工作、对适应环境有利，还是没利。

（3）教练员还要做到一视同仁，区别对待，对事不对人。

（4）教练员要有是非观念，奖惩适度，有利于改造运动员。

（5）教练员要学会针对不同性格的运动员，采取不同的技巧工作方法。

（6）要帮助运动员分析性格特征有利的内容和不利的内容，让运动员能有意识、有目的地改进。

（7）批评、鼓励、表扬相结合。

（8）改造队里的大环境，扶正气，有利于运动员形成良好的性格特征。

（9）做到经常提醒、督促、强化，使运动员养成好习惯。

（10）一定要让运动员认识到，性格对自己一生的影响，并让他们知道，经过努力，是能改变的。

6.7　在改变性格的过程中，运动员应该怎样做。

（1）运动员首先要知道自己的工作（训练）环境需要什么样的性格特征，自己有哪些，没有哪些。哪些是对自己有利的、哪些是对自己不利的、哪些是对自己有负面影响的。

（2）在教练员或队友的帮助下，确定影响自己成长进步的行为，并下决心在教练员和队友的帮助下，努力改变这些行为。

（3）从一点一滴做起，可能很难，但必须坚持。时刻提醒自己，改变始于一个行为，做到先驾驭一项行为，再尝试改变另一项行为。不要指望在短期内改变你的性格。

（4）持之以恒。经常回顾自己取得的进展，为自己提供积极的心理强化。有一些退步是很正常的，如果出现一些小问题，不要过分纠结于此，继续为你的目标而努力就好。

（5）在新行为形成习惯后，再找出一个新的、更重要的行为进行改进。

6.8　在训练和比赛中，很多运动员因怕出错，而什么都不做。这种队员是最没出息和没用的，说明心理和作风都不行，没什么培养价值。所以，教练员在培养人的过程中，一定要多用敢犯错误，还敢打的运动员。

6.9　好的运动员，不管是遇到压力也好，遇到动力也罢，都会有意识地激发自己的潜能。而不好的运动员，遇到压力或动力时，都不会调动或激发自己的潜能。

6.10　我们需要心理强大的运动员。心理强大的运动员承受能力都很强，都能吃苦，都明是非，都不推卸责任，都敢担当。

6.11　在训练中，有些运动员吃不了苦，有些运动员注意力不集中，有些运动员消极的想法多，有些运动员借口多，有些运动员不负责任，有些运动员承受能力差，有些运动员集体意识差，有些运动员不听指挥，有些运动员随意，有些运动员自私等。这些表现都会影响作风的培养。

作风的培养主要是提高心理承受能力，在提高心理承受能力的过程中，一是要提高认知水平，二是要提高生理承受能力，把两者结合好了，培养作风就容易多了。

6.12　心理加智慧就是心智。心理逐渐成熟，认知水平不断提高，心智就会不断提高。反之，不管是心理还是认知水平，只要有一方面不行，都会影响心智水平的提高。因此，我们教练员一定要随着运动员心理的逐渐成熟，不断地教给运动员知识。

有些运动员在心理不成熟的时候，虽然知道很多东西，但也不一定能运用出来，这是受心理因素的影响。但我们教练员不要因为运动员的心理不成熟而不去教他，或少教他，而是应该教什么就教什么，让运动员在心理逐渐成熟的过程中，一步一步地提高自己的心智水平。有些运动员心理虽然成熟了，但在心理成熟的过程中，知道的东西很少，所以，他的心智水平也不会提高。

6.13　在训练和比赛时，篮球运动员的表现是多种多样的。这与性格、认知、能力、人品等有关。

由于在性格、认知、能力、人品等方面的不同，运动员在球场上的表现有时会给球队带来利益，有时会带来不利，作为集体项目的教练员必须重视引导和教育自己的运动员，这种引导和教育有时比技战术以及能力更重要。

作为篮球教练员，如果只会技战术训练和能力的培养，只能说明，他只懂一半业务，因为集体项目是靠集体配合来完成各项任务的，如果没有内在素质作为基础，配合的质量也不会高。

我们既然当了教练员，就要争取当一名全面型的教练员，也就是内外都会教的教练员。

6.14　在培养运动员比赛心理的时候，要让运动员知道，在有压力的情况下比赛，也是一种特权。不是每个人都有这种特权的，让你有机会去使用这种特权、体现这种特权，这是对你的信任，你应该珍惜这种来之不易的特权。

6.15　心理承受能力和生理承受能力的关系是正比关系。心理承受能力强，生理承受能力就会强；反之，心理承受能力差，生理承受能力也就差。心理承受能力强的运动员，在训练和比赛中，可以使生理负荷达到最大强度；心理承受能力差的运动员，在训练和比赛中，不能使生理负荷达到最大强度。

6.16　从事了31年篮球教练员工作，我深深体会到，一般心理训练对培养优秀篮球运动员所起的作用是不可估量的。

在训练时，教练员都会在有意无意之中运用到一般心理训练，这是因为运动员的心理活动在训练中始终存在，意志品质的培养、注意力的集中、情绪的稳定、认识水平的提高等都是心理学问题，都可以通过一般心理训练来提高。只不过有目的、有计划的培养就会提高更快。

目前，我国篮球运动项目对一般心理训练重视不够，多数教练员不知道什么是心理训练，或认为一般心理训练较难结合到实际训练工作中去。

6.17　下面谈谈如何解决心理训练和运动训练相结合的问题。

（1）什么是一般心理训练？一般心理训练是指平时经常进行的心理训练，目的在于提高运动员完成专项运动所需要的心理因素。由于它是在平时训练中系统安排的，所以又叫作长期的心理训练。

（2）心理训练的作用：主要在于促进运动员心理过程的不断完善，形成专项运动所需要的良好个性心理特征，获得较高水平的心理能量储备，使其心理状态适应训练和比赛的要求，为提高运动技术水平和战术效果，获得最佳竞技状态和创造优异成绩，奠定良好的心理基础。

（3）为什么篮球运动训练要长期结合一般心理训练：首先，我们了解了什么是一般心理训练和心理训练的作用，其次，我们还要了解篮球运动项目的特点，这样才能说明篮球运动训练为什么要长期结合一般心理训练。

6.18　篮球运动的主要特点是强度大，对抗性强，攻守转化快，技战术变化多，是属于复杂反应的运动项目。所以，篮球运动员应向性格外向、灵活、机敏和富于攻击性的方向发展，同时，必须具备良好的体能、完美高超的技战术水平，快速灵敏的反应，及适宜的情绪兴奋性和稳定性。

现代科学研究证明，运动员的心理因素影响着身体、技术和战术的发挥程度，体力受心理因素的影响非常明显。如果运动员参加训练和比赛时，情绪低落，意志消沉，信心不足，遇事胆怯等，便不能使机体的潜在力量得以充分发挥。

从技术和战术上说，要在训练和比赛中得到充分发挥，更需要进行心理训练，因为运动员必须能够根据临场变化，当机立断地采取行动。这便要求运动员不仅要有注意力高度集中的训练，还要有思维敏捷性和灵活性的训练，适宜的情绪兴奋性和稳定性的训练，意志果断性、顽强性、自觉性的训练，才能充分施展运动员的技术和战术水平。

如果缺乏必要的心理训练，运动员的心理素质发展不好，心理能量发挥不好，即使身体、技术、战术水平再好，在竞赛中也难以稳定地取得好成绩。所以，运动员要能在训练和比赛中稳定地取得优异成绩，不仅应具备身体和技术方面的优势，而且也要具备心理方面的优势。只有具备上述两方面的优势，才能充分发挥运动员的实力水平，达到以弱制强，出奇制胜之功效。

6.19　心理训练方法主要是利用语言和表象的刺激来调节中枢神经系统的兴奋性，使之保持最佳竞技状态。

在运动训练过程中，运动员是训练的主体，教练员起着主导作用。主导作用再好，也不能代替运动员训练。因此，能否充分挖掘运动员的潜力，只靠教练员是不行的，必须调动运动员主观能动性，开发他们的智力，使运动员认识到自己在运动训练中的主体作用，从而积极主动地配合教练员工作，达到事半功倍的效果。

6.20　心理训练应该注意的问题：

1. 使运动员有明确的奋斗目标

教练员要做的工作是使运动员在从事篮球专业运动的整个过程中，始终有明确的奋斗目标，并且目标要随着技术水平的提高，从低级到高级不断更新。

目标的高低必须切合自己的实际情况和自身条件。没有目标的奋斗是盲目的，会使运动员看不到自己的成绩，产生满足现状、不求上进等消极情绪。如果目标不切合实际，经过努力达不到目标，会使运动员悲观失望、丧失信心等负面情绪。

所以，教练员一定要帮助运动员充分了解自己，对自己做出正确的评估，制定出经过努力完全能够实现的目标。在整个奋斗过程中要让运动员经常想着目标，不断检查目标实现的情况。教练员要做到监督和提醒，以确保目标实现。

2. 要不断提高运动员"想练"结合的自我训练能力

自我训练就是运动员按照教练员的要求和意图，进行自我提升，自我检查的过程，是把教练员的要求、意图付诸实际行动的过程，也就是充分发挥运动员主观能动性的过程。"想"就是分析、判断、检查，也就是动脑子；"练"就是行动。只有"想练"结合，才能更快地提高运动员的技战术水平。

"想练"结合的优越性，不仅体现在练习时运动员能够熟练地掌握技术动作和战术配合，而且对比赛中灵活运用技战术的能力都有重要意义，尤其是对提高运动员球场上的意识有着明显效果。

意识本身是无形的，但它能通过行动表现出来。通过行动可以看出运动员是否在动脑子想，以及想什么，想的是否正确，行动是衡量运动员是否在想的结果。所以，教练员在平时的训练中，一定要注意观察运动员的行动，不断指导，帮助运动员提高"想练"结合的能力，使运动员的思维不断系统化、规律化、程序化，最后达到自动化。

教练员必须做到让自己的队员能自觉、主动地去想，充分发挥主观能动性，要善于动脑子。

首先是行动之前就要开始"想"，其次是练什么就想什么，接触什么就想什么，这样必然能促进运动员很快掌握"想练"结合的技巧。

训练中的"想"，想的是训练的所有内容，如何完成这些内容；本课内容与以前训练的内容有什么联系，应该怎样衔接起来；教练员对技战术的具体要求是什么，要领是什么；自己完成的情况如何，差距在哪里等。在训练中，无论有无攻守对抗，都要想对手。训练进攻技战术配合时，要想对手会怎样防守；训练防守技战术配合时，要想对手会怎样进攻等。

比赛中的"想"，想的是自动化程序的具体体现，只有平时想得多，比赛时才能想得快、想得准。因为比赛场上的情况是瞬息万变的，出现什么情况，使用什么解决方式，必须在瞬息间完成。达不到自动化，就不能适应比赛的要求，就不能做出快捷、准确的反应。比赛中，要想本队的策略，运用的攻守战术，以及自己所承担的任务，怎样才能完成任务等。

3. 培养运动员顽强的意志品质

"运动员的意志是为了达到既定目标，克服一定的困难而自觉地表现出来的一种心理过程"。

篮球运动员的意志品质主要表现在能否自觉地和他人配合，一起完成既定目标；是否具有战胜困难的信心和勇气；完成各项训练任务的努力程度如何；在任何情况下，是否有控制自己情绪的能力，以保证最大限度地发挥水平；在比赛中，是否能果断地处理突发情况。这都需要教练员在平时有意培养运动员的自觉性、自制性、果断性、顽强性、自信心和意志品质。

如何培养意志品质？

在平时训练中，教练员要明确每次训练课的目的、任务，要让运动员遇到困难时（如疲劳、伤病）坚定自己的奋斗目标，激励自己，增强克服困难的信心和勇气。训练结束后，一定要进行总结，正确评价每一名运动员，找出长处和不足，以便运动员发扬长处，及时弥补不足。同时，要求运动员与各种消极因素（如惰性）进行顽强的斗争，这也是培养意志品质的一种有效手段。

在每次比赛中，要对双方的实力、特点做出正确的分析，做好充分准备，增强信心。明确比赛的任务，确定合理的战略战术，队员思想统一，行动一致。教练员与队员之间、队员与队员之间，要互相信任，团结一致，互相鼓励。

只有这样，才能使队员的信心越来越强，技战术才能运用得心应手，水平才能发挥好，完成任务的质量才能高，从而不断提高运动员的意志品质。

4. 使运动员学会控制自己的情绪

在训练和比赛中，运动员的情绪会由于各种因素的影响而发生变化。如因对手实力强，对方动作粗野，自己失误多，怕受队友指责，而产生的紧张、恐惧感；因对手实力弱，轻视对手，对胜负无所谓，而产生的骄傲自满和松懈；因过度疲劳或发生了不愉快的事情，而产生的消沉；因求胜心切，想自我表现或是亲友观看比赛，而产生的过度兴奋；由于裁判不公或其他因素而产生的愤恨等。

情绪的变化一种是起积极作用的，一种是起消极作用的。起积极作用的情绪会增强运动员的信心、勇气和斗志，克服困难去争取胜利；起消极作用的情绪，会削弱运动员的意志，丧失斗志而失去胜利。对篮球项目来说，一个队员的消极情绪还会影响其他人的情绪和斗志，使集体无战斗力，成为一盘散沙，即使其他人能努力，也是徒劳的。

因此，在训练和比赛中，我们要把起积极作用的情绪控制或保持在稳定状态，而将起消极作用的情绪抑制或削弱。

情绪的控制训练有多种方法，有的要靠教练员，有的要靠运动员自己。

例如，在训练中，教练员加大训练的难度和困难，有意提高运动员心理承受能力，来达到提高运动员自控能力。

教练员要教会运动员运用自我暗示和自我想象的方法来控制和调节自己的情绪，要求运动员在训练和比赛中，不管出现什么消极情绪，都要用积极性的语言来暗示自己，想象自己在积极因素的影响下所产生的情绪。

例如，比赛前，运动员由于某种因素而产生了过分紧张，怕自己发挥不好。这时，运动员就要回忆，自己发挥得很好的某场比赛，当时自己处于什么样的状态，周围的环境气氛以及自己的情绪如何，技术是怎样发挥出来的等，并暗示自己应该像那场比赛一样，轻松愉快地发挥出自己应有的水平。同时，要分析对手的优劣势，自己的优劣势和对手相比，自己应该发扬哪些特点，限制对手哪些特长，多想我队比赛的总体战略和战术，以及自己承担的任务，应该怎样去完成本队制定的作战方案等。把注意力完全集中在怎样对付对手上，而不应该集中在比赛的结果上，使自己思路清晰，带着明确的目的和方法去参加比赛。这样，就会使运动员的情绪稳定，充满信心地参加比赛。

总之，在训练和比赛中，运动员必须经常不断地有意识地进行自我控制，自我暗示、自我想象才能逐步收到效果，达到控制情绪的目的。

培养运动员的意志品质是全方位的。必须从点滴抓起，必须结合教育，必须要严、要狠，必须和抓作风结合到一起，要制定严格的管理制度，并不折不扣地执行。

要从学习、生活、卫生、训练、纪律等全方位抓，运动员承受得越多，说明意志品质越好。

在训练中抓意志品质，首先要有语言动员和明确说明，有些内容的训练，就是培养运动员的意志品质。衡量运动员意志品质的标准不是看成绩第几名，而是看运动员是否拼尽全力完成任务。如耐力跑，第一名的，不一定全力，最后一名的，不一定不全力，从而看运动员对所有内容的训练是否全力。只有长期坚持所有训练内容全力完成的运动员，才是意志品质顽强的运动员。

具体做法：教练员在训练内容安排上要有难度，使运动员不易完成，让运动员的情绪暴露出来，并让运动员体会到如果不会控制情绪，就很难完成任务。

例如，通过投篮训练，提高控制情绪的能力，从而达到投篮技术的稳定。其一，连进两球、三球、四球为一组的训练方法。运动员最担心最后一球不进，从而产生烦躁情绪。经过长期训练和教练员的语言调控，完成任务轻松了，运动员控制情绪的能力也提高了。其二，二人快攻，连进10球，每人再罚进一球，共连进12球。

这些练习对运动员提高控制情绪的能力，有很明显的效果。

5. 提高运动员注意力，加快反应能力

在训练和比赛中，注意力的好坏，对篮球运动员完成技术和战术配合有着十分重要的意义。篮球运动员要能够在很短的时间内把注意力集中在一个目标上，还要善于将注意力由一个目标快速转移到另一个目标上，并且常常需要运动员把注意力同时分配到几个目标上。这就涉及了注意力的范围。

篮球运动本身要求运动员注意范围要广，但从心理学分析，注意范围广了，就不利于迅速判断，生理学已证实了这一结论。生理学认为，人的行为受中枢神经支配，人接收到外界信息后，把信息传到中枢，在中枢对信息进行分析综合，然后支配行动。

由于注意范围大，篮球运动员所接收的信息就多，而信息在大脑就要进行相对复杂的分析综合活动，信息在中枢的延搁时间也就加长。而人们判断、反应的快慢正是由信息在中枢的时间长短决定的。

那么，怎样才能使注意范围扩大，又能使反应速度加快呢？教练员在教学训练中，要明确运动员的注意范围，并有主次之分，最好是

把注意力集中在一点的同时（主要目标）再要求扩大到面，尽量使刺激信息简单化、明确化，这样既有利于大脑的综合分析，缩短信息在中枢的延搁时间，提高反应速度，又利于动作完成得快速、准确、协调。

6.21　心理学提出两条影响注意范围的因素：

一、知觉对象的特点

（1）有意义的对象注意范围要比无意义的对象大。

（2）有组织的对象注意范围要比无组织的对象大一些。

二、与人的活动任务和知识经验有关

（1）活动任务越具体明确，注意的范围就越大。

（2）知识经验越丰富，注意的范围越大。

根据这一规律，教练员在平时的训练和比赛中，不断提高运动员的专业知识和技能，了解篮球运动的规律，丰富运动员的实践经验。

在训练中，教练员可根据篮球比赛的攻守规律安排内容。例如，在安排全场二打一、三打二、四打三的时候，内容一定要多，有退防，有转攻，有抢发球等。由于内容多，运动员注意力必须高度集中，如不集中就容易出问题，不能按要求完成任务。这种练习既扩大了运动员注意范围，又可提高快速反应能力。也可以安排中锋与外线的三点进攻技术多球轮转练习法。有策应、有切分、有投篮、有篮下进攻，可提高注意力的转移。

6.22 心理训练应注意以下问题：

（1）篮球教练员要想训练出一批有本专业特长的人才，就要在教学指导中因人而异。

在实践训练比赛中观察发现，由于运动员的气质类型不同，他们所表现出的状态也不一样。兴奋型的喜欢表现自己，以个人进攻的成功为最大乐趣，这样的运动员喜欢对抗性强，遭对手限制时，情绪下降大；活泼型的喜欢对抗，对抗中有巧，喜欢个人进攻，也喜欢给同伴造机会，传漂亮球，并以这两者作为自己最大的乐趣；安静型的不喜欢对抗，总想以巧制胜，喜欢传漂亮球，或在身体与对手不发生接触的情况下进攻，并以此为乐趣，碰到对抗性较强的防守，就会产生畏惧。

以上所谈不是绝对的，只是偏重一些。这就需要教练员了解自己的运动员，并根据运动员的个体特点，有针对性地发展培养这种自身发展起来的意识，同时，要帮助运动员克服不足之处。

如果教练员不是积极地让运动员发扬自己的长处，而是有意或无意限制他们这种自身发展起来的意识，可能就要挫伤运动员的积极性，影响他们的进步，即使运动员盲目服从教练员的安排和意图，也不一定能发挥较高的水平。

因此，教练员应该在平时的训练和比赛中，观察运动员对技术的倾向性，根据个人的自身条件和素质，制定出符合本人情况和全队技术风格及战术特点的计划，从而调动积极性。

在这个过程中，还有许多问题需要解决，如运动员不是根据自己的身体条件而倾向某种技术等。这就需要教练员帮助运动员分析，从理论上说明道理，从实践中找出根据，让运动员心服口服，并学会分析和观察，做到了解自己。

（2）注意个体差异，提高认知水平。

在教学训练中体会到，教运动员动作时，同一个动作，全队的队员没有一个做的动作与教练员一样，多少都有点差异，而且运动员之间也不一样。这说明身体结构不一样，素质能力有高低。在这种情况下，就不能要求运动员的动作规格模式化，要在基本要领正确的前提下，选择最适合运动员身体结构的技术动作，同时，在动作速度上下功夫，在对抗或比赛中衡量技术动作的实用价值。

（3）严格训练、严格管理、严格要求。没有严格，一般心理训练就不会有好的效果。

（4）提高运动员的认识水平。教练员必须在平时的训练中（课前课后）经常向运动员讲解心理训练的内容，让运动员了解心理训练的重要性。认识水平上不去，心理训练也不会有好效果。

（5）了解运动员的心理品质。在训练内容的安排上，一定要让运动员某种不足的心理品质暴露出来，然后才能训练提高。例如，是注意力问题，还是意志品质问题、情绪问题。

（6）长期坚持，持之以恒。不是大赛、联赛来了，才重视心理训练，而是从平时抓起。没有长期坚持，就不可能提高运动员的心理素质。

（7）所有的训练内容都要结合心理训练内容。教练员在训练中提要求时，要有对情绪、注意力、意志品质等内容的要求。

（8）注重全面培养运动员的心理素质。不要头痛医头，脚痛医脚，出现问题才想起解决。零零碎碎的进行，效果不会好。

（9）善于发现运动员的心理问题，及时调控解决。在解决问题上下功夫。避免发现问题多，解决问题少的现象。

（10）教练员应避免急躁现象。急躁本身不会给心理训练带来任何好的效果。

6.23 当教练员最怕的就是所有的事都有从众心理。

从众心理并不是不对，关键是你除了从众什么都没有，只是从众，就是没有是非，就是没有思想。

从众心理简单地说，就是自己没有想法，大家这样做，我也这样做，大家这样想，我也这样想，大家这样练，我也这样练，专家这样说，我就这样做，不管对自己有没有用，不管适不适合自己，只要是大家做的，我就做。

从表面上看，这并没什么错，但关键是你有没有动脑子想，想是什么？想就是分析，就是观察中的思考，就是实践中的辨别和证明。这并不是否定别人，也不是以自己为中心，而是通过自己的思考和实践，并根据现实情况所做出的选择。这种选择并不是否定别人，也不是说有些从众心理不好，对的或适合自己的必须从众；不对的或不适合自己的可以改变，可以创新，这才是动脑子。有现成的，适合自己的，必须要学，但基础必须要建立在你是通过分析、观察、判断所做出的选择。

不要轻易否定别人的观念、思路。不管是什么观念、什么思路，只有通过实践才能判断正误。另外，也要意识到，对与错也是相对而言的，没有绝对的对，也没有绝对的错，关键是你会不会用，同时，适不适合自己的球队用。

6.24　在训练和比赛过程中，始终离不开心理训练。不管你是有意识的还是无意识的，都会运用到心理训练，只要有训练，有比赛，相应的心理活动就一定产生，这是不以人的意志为转移的。

因此，教练员不要把心理训练想得太复杂、太高深、太不容易运用。而应因势利导，合理有效地运用心理训练的理论，来指导或促进我们的训练和比赛。

在教技术、战术，运用技术、战术，以及身体训练的过程中，我们用的很多术语都是心理训练的内容。例如，在运用技术时，教练员对运动员的要求是，观察、判断、选择、坚决、果断、合理，观察时要看远点，扫近点；看近点，扫远点，这就是心理训练讲的注意范围。我们培养运动员作风顽强、意志坚定、勇敢拼搏等都和心理训练的内容一致。

在做思想工作时，我们要提高运动员的认识水平，学会控制自己的情绪等，又都和心理训练讲的知、情、意有关。

综上所述，说明心理训练的重要性，因此，一定要有意识、有目的地把心理训练的内容合理、有效地运用到平时的训练和比赛中，以利于提高训练和比赛水平。

6.25　在比赛中，不管是个人项目还是集体项目都有心理压力问题。只不过，个人项目是靠自己承受压力，集体项目是靠集体承受压力。所以说，单从压力角度讲，个人项目要比集体项目承受的压力大，因为这种压力是不能分担的，只能自己承受。集体项目的心理调整与个人项目是不一样的，它既有个人，又有集体。集体可以分担压力，影响个人，但个人又可能影响集体，这种影响可能是积极的，也可能是消极的，所以，在平时的训练和比赛中，教练员要多注意观察这些方面的情况，发现问题要及时解决，把工作做在前面，使集体项目的运动员有一个良好的心态去参加比赛，做到让集体能分担个人的压力，同时，能让个人减轻集体的压力，让这个集体始终都有互相之间的积极的心理影响。

在锻炼运动员意志品质的时候，一定要让运动员知道，不是练他有兴趣的内容，或练他的强项的时候，他能练好、能坚持好，就能锻炼出意志品质了，或就叫有意志品质了。

在锻炼意志品质的时候，往往是练他不感兴趣的内容，或练他的弱项的时候，或在苦和累的时候，或在有各种困难的时候，他还能认真地、长期地坚持练好，这才能锻炼自己的意志品质。

意志品质的训练，也是有技巧的。如果没有技巧，意志品质的训练也可能会越练越差。

首先，教练员要知道怎样才能锻炼出运动员的意志品质。这必须是在对运动员来说有一定困难的情况下练习。如果没有困难，就练不出来意志品质，如果困难过大，运动员怎么努力也完不成任务，也练不出来意志品质。

锻炼意志品质，一定要结合运动员的心理负荷，也就是说，生理和心理都要有负荷，但最主要的还是心理负荷，运动员的心理一旦强大了，意志品质的提高，就是很容易的事情了。

所以，教练员在培养运动员意志品质的时候，一定要注意引导和教育，要注意区别对待。同时，要知道，在培养运动员意志品质的时候，不是越苦越累效果就越好，而是应循序渐进地、有目的地、有计划地、全方位地来培养。

如果只以苦和累来培养运动员的意志品质，这不是培养运动员的意志品质，而是摧残运动员的意志品质，时间长了，就会使运动员产生逆反心理或逆反情绪，这对培养运动员的意志品质是没有任何好处的，教练员切记。

6.26　在屡战屡败的情况下，还敢屡败屡战的人或队，才是内心真正强大的人或队，也可以说是具有顽强意志品质的人或队。

我们在训练和比赛中，不要总是看做得好的运动员，或前几名的运动员，而应该多看做得不好的运动员，或后几名的运动员的训练态度。

因为全力不全力，认真不认真，不能只拿成绩说话，我们要全方位地看运动员一贯的训练态度。只有不管是强项还是弱项，都能认真、长期坚持训练的运动员，才能证明他们有顽强的意志品质。

6.27　单一的脑力劳动者和单一的体力劳动者都可以表现出顽强的意志品质。

篮球运动项目是脑力和体力相结合的运动项目，所以，我们需要篮球运动员在脑力和体力相结合的时候还能表现出顽强的意志品质。

如果篮球运动员只是在体力劳动的时候，才能表现出顽强的意志品质，那只能说明你运动能力强。如果篮球运动员只是在脑力劳动的时候，才能表现出顽强的意志品质，那只能说明你脑力强。

我们在衡量篮球运动员的意志品质的时候，在单一的体力劳动和单一的脑力劳动时，所表现出的顽强意志品质都不能完全适合篮球运动的需要，只有把脑力和体力结合好了，在此基础上，所表现出来的顽强意志品质，才是我们需要的。

第七部分

比赛指导思想

7.1 在比赛中，对运动员的要求，一定是他练过的。如果他没练过，做不好，不应怨他。如果比赛中的要求有变化，那也要比平时训练时的要求简单，让运动员容易做到。

教练员要做到从难、从严、从狠、从实战、从多方位、从多角度练兵，从宽、从易、从简去比赛。

7.2 在比赛中，对外线重点人防守的指导思想就是消耗对方，让对手以最费体力的方式进攻，以最大的强度消耗对方的体力，我们可以不停地换人消耗对方，还可以在进攻中消耗对方。总之，把握一切机会消耗对方。

7.3 开准备会和指挥比赛时，一定要强调重点，不要面面俱到。面面俱到，等于没说，不强调重点，运动员不知道往哪里使劲。

7.4 在比赛中，一般情况下，我们用两种方法就可以完成比赛的指挥任务了。

第一种方法是以不变应万变，也就是我们怎么练的就怎么打。这种情况，一般是对手队员的攻防实力比较平均，对谁都要防，不能放弃任何点。进攻时也一样，尽可能地杀伤对手的任何点，比的是整体实力。

第二种方法是有选择地进攻和防守对方的弱点和重点。这种情况，一般是对手队员的水平差距比较大，重点队员的水平非常突出，这时，就要有目的地防重点人和有目的地进攻薄弱区，以此来打开局面。

具体方法可以根据本队的情况来制定，也可以根据对手的情况来制定，这要看对手的重点人是内线还是外线。

7.5　在比赛中，教练员一定不要挑运动员的毛病，如果运动员有问题，一定要在训练中解决，比赛中，只能提醒运动员注意事项。如果在训练中都没有解决的问题，比赛中也是不可能解决的。

7.6　比赛主要比的是心态和观察、判断、选择，要把了解对手的情况放在第一位，只有了解了对手，才有可能做出正确的选择，有了正确的选择，也可能不得分，但是，机会一定是出来了，只要坚持下去就一定有好效果。

7.7　在比赛中，如果不能把对手所有进攻点都有效地控制住，那就一定要选择对手最拿手的和最习惯的点来防守。其他的点也要防，但是，是假防，真防重点。

7.8　在比赛中，有时候会出现得势不得分的情况，这时候一定不要改变打法。因为不是打法出现问题，如果是打法出现问题，一定是没有创造出进攻机会。这时候只要求两点就可以了，一是加强防守，二是进攻时一定要坚决、果断。

7.9　运动员在比赛时紧张，不要过多地指责他，要让他面对紧张。同时，要告诉他把注意力集中在观察上，让他在紧张的情况下，练习观察、判断、选择，一有进步，马上表扬。观察、判断、选择在任何时候都有用，一定要让运动员在训练和比赛时，养成这一好习惯。

7.10　在比赛中，如果我们使用了各种半场防守形式，还不能有效地防住对方，对手内外都很强，篮板球抢不过对方时，说明对手的阵地战进攻是很好的。

这时，如果我们的进攻也不好时，尤其是运动员比较沉闷时，那就一定要换全场的防守形式。目的是，调动运动员的积极性，激活运动员的斗志，消耗对方的体力，与对手打运动战，扩大战区，使对手的战术配合失去联系，让他们单打独斗，不能形成有效的整体进攻。

同时，我们的进攻也不要摆阵地战，要让所有的运动员坚决果断地进攻，以突破、切分为主，投抢结合，如果能够做到这样的效果，我们的目的就达到了。

7.11　现在的篮球比赛，要求所有的运动员都会观察全场的攻守形式，并会做出相应的行动，如果做不到这一点，那你在球场上的作用就不大，或可以说没有作用。

我们有些运动员是属于紧张类型的，或不敢承担责任的，或不愿承担责任的，这些运动员在球场上的表现，尤其是关键场次的比赛表现，都是很沉闷的，不积极主动、不敢拼、不果断、依赖同伴、帮不了同伴等，这点必须要给他们指出来。你这种不作为的做法，就是帮对手，就是在给同伴增加比赛难度，就是在给教练员出难题。

一个好的球队，是不需要这样的运动员的，好的球队需要大量的敢担当的运动员、敢负责任的运动员、敢出错的运动员，出了错还敢拼的运动员，敢在逆境中反击的运动员。如果你不是这样的运动员，那你一定要争取成为这样的运动员，如果你不能成为这样的运动员，那就一定会被淘汰。

如果你想成为这样的运动员，那就要面对自己的不足。如果你紧张，那就面对紧张，锻炼自己在紧张情况下的观察、判断、选择；如果你是不敢担当的人，那你就要在比赛中学会担当；如果你是不负责任的人，那你就要在比赛中学会负责任。只有在比赛中运动员学会了这些，才有可能成为优秀的运动员。

7.12 一个队在比赛中的执行力是很重要的。

这能够体现出一个队在平时管理、教育、引导的水平高低；能够体现出一个队全体队员的素养；能够体现出一个队平时训练的水平；能够体现出个人能力的高低；能够体现出队员比赛时，是否紧张、是否头脑清晰；能够体现出队员团队意识的好坏；能够体现出队员之间的默契；能够体现出一个队是否团结、向上、积极进取的精神。

执行力的好坏，直接影响比赛的效果。一个没有执行力的球队，绝不是一个好的球队。因此，在平时的训练和比赛中，我们一定要注意执行力的培养，并把它贯彻到训练和比赛的始终。

7.13 在比赛中，教练员有的是时间安排各种防守阵型的变化，不要担心哪个防守形式好用，哪个不好用，好用不好用，试了才知道。尤其是我们不太了解的对手，更应如此。

有些防守阵型我们可能防守的质量不是很高，但对手可能更不会破，这时，我们使用这种防守，就会有利。

每个队的进攻都有各自的特点和习惯，因此，我们选择防守的形式就应该不一样，教练员应该相信每一种防守形式都是有用的，关键是选择使用的对象。

我们在平时的训练中，一定要练习多种形式的防守，以利于比赛时的使用。

7.14　在比赛时，我们能够发现很多问题。有全队的，也有个人的。我们的运动员虽然很努力，但有些问题就是解决不了。这时，教练员和运动员一定要记住这些问题，在以后的训练中解决。

教练员记住，是为了在以后的训练中，设计出能够解决问题的方案、方法和技巧。运动员记住，是为了在以后的训练中，提高自己的弱项。

如果教练员不记住这些问题，或在以后的训练中不解决这些问题，那么，这些问题永远也解决不了。如果运动员不记住这些问题，或在以后的训练中不努力提高自己的弱项，就会停止不前。

所以，教练员和运动员都要重视解决问题，这样才能使一个队或个人不断提高和进步。

7.15　在比赛中，攻守形式千变万化，教练员是说不过来的，我们能够说的就是基本原则和要求，剩下的就是运动员根据原则和要求，以及球场上的形式变化来自主发挥，所以，我们必须要给运动员自主决定的权力。

衡量一个运动员在场上的表现，主要是看他头脑是否清醒，是否会观察全局，是否在按原则和要求以及规律办事，只要做到这些就可以了。

不要拿成功与否来衡量运动员的行动，而要拿合理不合理来衡量运动员的行动。这样既有原则又有自主的要求，才有利于运动员发挥。

7.16　越是高水平的比赛，越应该重视个人防守。如果总是强化协防，漏洞会更多。低水平的比赛，可以通过防守变化和进攻变化解决问题，但是，高水平的比赛主要看各位置运动员的能力。

从这个过程看，教练员就应该知道，事物的发展规律是，从简单到复杂，再从复杂到简单的道理。

7.17　比赛可以败，但不可以放弃；比分可以输，但精神不能输；比赛中，可以被对方撞倒、撞翻，但必须还要有斗志；比赛可以输面子，但不能输里子，必须换回内心的强大。

比赛中，可以有激情，但必须要冷静；遇到强对手时，对手可以轻视你，瞧不起你，但你不能轻视自己，瞧不起自己，必须通过比赛改变对手对你的看法，赢得对手对你的尊重；我们可以暂时不如对手，但内心绝不能输于对手。

外不行，还有时间练，内不行，练外也没用。要想做到这些，必须在训练中解决。

7.18　在比赛中，教练员要懂得消耗敌人。当然，首先要有一支这样的队伍，如果没有，这个任务也完成不了。所以，在平时的训练中，教练员对每一个队员都要严格要求，对每一个队员都要尊重，让他在比赛中能为集体付出。当你的主力队员需要冲击时，他们也要感激为他们付出的队友。

7.19 在比赛中，运动员的自信主要体现在进攻上。进攻技巧是建立自信的基础，我能过你，我能打你，我过不了你，我也能打你。过人有过人的进攻技巧和方法，过不了人也有进攻的技巧和方法。这都需要运动员掌握，并会运用。只有掌握并会运用了，运动员才有可能建立自信。

7.20 在比赛中，运动员如果在进攻中只顾观察自己眼前的进攻环境，而不观察全局环境，或只顾自己进攻，而不顾及同伴，那他就不是一个好的运动员。原因很简单：

（1）同伴出机会，他不会传球。

（2）自己进攻受阻后，盲目传球，容易失误；就是不失误，给同伴的球，也不是机会球。

（3）遇协防，不会处理球，多数都会盲攻。

（4）让同伴不知道做什么好，无法形成默契。

（5）因为只想自己的进攻，而不想同伴，往往控制不住自己的行动，选择少，变化少，出错多。

（6）如果一个团队这样的人多了，就不会团结，就练不出整体进攻。

（7）这样的队员往往性格特征方面有不足，思路有问题，听不进别人的意见。

（8）有一种可能，就是有些运动员自身注意范围就不能广，他们就是顾此失彼，那么，教练员只能让他干简单的事情了。

（9）这样的运动员多了，对有些教练员来说，就不是什么好事了；会增加教学难度，会使教练员着急上火，会不利于管理教育，总之，会带来很多不利。

（10）最可怕的，就是此类运动员从来都不认为自己是错的，错都是别人。

7.21　在比赛中，进攻机会的多少是受个人进攻能力和全队进攻能力影响的。内外都能进攻，机会就多。只有内没有外，或只有外没有内，进攻机会就少。所以，在培养运动员时，我们一定要把所有运动员都培养成内外兼顾的进攻队员，只有这样，我们才有可能在比赛中把握更多的机会。

7.22　临场指挥很重要，但必须是提前做好准备。如果没有提前做好准备，或你的队员根本不会你所指挥的内容，那你的临场指挥就是无效的。要想有效地提高临场指挥的效果，一定要做到提前准备好。

你可以有几个方案，在比赛中可以有小的调整，但都是运动员知道的，或是学过的，或容易做到的，或比平时更简单的内容。切忌让运动员在球场上使用更复杂的内容、不熟练的内容，和能力达不到的内容。

如果临场指挥出现这些问题，就是教练员的失误。

7.23　教练员的临场指挥与运动员的执行力有很大关系。教练员可以看出问题，也可以提出解决问题的方法，但如果运动员做不到，那么这种指挥就是无效的了。

所以，我们在临场指挥时，一定要根据运动员的能力，来选择指挥的内容。尤其是集体项目需要配合的内容有很多，如果配合不好，你所指挥的内容会带来不利的效果。以此，我们推论出，还是平时的训练更重要，只要平时练到了，在比赛中指挥就会很容易，如果在平时没练到，在比赛中指挥就很难。

7.24　篮球教练员要想在临场指挥中得心应手，需要做到如下几个方面：

（1）要做到的就是，对自己所有的队员都很了解，什么时候需要谁上场，做到心中有数，避免临时乱点兵。

（2）临场要做到心静，认真观察攻守双方的局面，主要是看双方控制大局的情况。本队只要大局能控制住，比赛就有得打。

（3）用什么防守战术、用什么队员，都要根据对手的情况和本队的实际情况来定，要做到坚决果断。

（4）不要把临场指挥想得太复杂了，你只要有兵可用，你只要有战术可用，临场指挥就很容易。你无人可用，无战术可用，临场指挥就很难。

7.25　临场指挥的变化是有根据的、有目的的。可以根据你的经验，可以根据你对彼此双方的了解采取相应的变化。也可以有目的地试探，也可以有目的地试用，看看能不能达到预期的效果。

这一类的变化，教练员一定要敢大胆尝试，说不定就会有奇效。这里所说的变化，举例是举不完的，只有敢于尝试、敢于挑战、敢于承担、敢于担当的教练员才有可能去做。

7.26　临场指挥时，教练员不管用什么样的攻守变化都可以，不管是对个人的攻守变化，还是对整体的攻守变化，以及个人与整体相结合的攻守变化都可以使用，只要是对方不适应，不习惯就可以。

比如说，一盯四联，二盯三联，三盯二联，四盯一联；在盯人防守中，对重点队员追防时，其他队员可以缩防，但追重点队员的人不能缩防等。在进攻中，以一点打开局面，使各点开花；以内线为主，打开局面，使各点开花；以切分为主，打开局面，使各点开花等内容都是变化。

这种例子有很多，教练员可以不断去尝试，以提高自己临场指挥变化的才能。

7.27 临场指挥时，教练员不管用什么攻守变化形式，都没有把握一定好用，都是用了以后看结果。因此，教练员在临场指挥时，不必纠结哪个好使，哪个不好使。在决定用某种攻防技战术时，一定要做到坚决果断，信心十足。如果出现不好用的情况，要看清楚是什么问题，这时，再换其他的攻防变化也来得及。

7.28 临场指挥时，切忌只让一两个人进攻，而不让其他人进攻。我们上场的队员，有时候能力的大小区别很大，这时，我们往往只让能力强的队员进攻，而不让能力弱的队员进攻。这样做的效果，就会使我们的进攻难度加大。

我们应该让能力强的队员控制球，并先进攻，给他创造机会，但是，一旦他的进攻受阻，其他点位队员必须接应，并果断出手投篮。

越是弱的选手，越应该让他敢于出手，并鼓励他出手。只有这样做才能起到互相牵制防守人的作用，给能力强的队员带来有利的进攻局面。如果只是有限的一两个人出手，对方就会很好防，反而不利于进攻。

至于担心能力差的队员投不进去的问题，我看没有必要考虑，投不进球在篮球比赛中是正常现象，投不进去我们还可以抢篮板球。

7.29　对于五个人都能打的队，而且会配合，最好是用人盯人扩大防守，遇掩护就换人，让他单打独斗，目的就是不让对手打整体进攻。遇到只有一两个人或两三个人能进攻的队，最好用区域联防。这样，更会有效利用整体防守来限制对手的个人进攻，但必须控制好篮板球。

7.30　与对手较量时，如果水平差不多的时候，要注意如下情况：

（1）比的就是作风，很多队就是因为作风好而赢下了很多比赛。

（2）比的就是智慧，在能力差不多，作风差不多的时候，比的就是智慧，谁智慧高谁赢球。

（3）比的才是心理，能力差不多，作风差不多，智慧差不多，这时，比的就是心理。这里面包括教练员的心理和运动员的心理。

不管和什么队比赛，一个队所暴露出来的问题是不一样的，因遇到不同的对手可能出现能力问题，可能出现作风问题，也可能出现智慧问题，也可能出现心理问题。这里面有自身的问题，也有对手的原因，因此，教练员要学会观察和分析是什么问题，只有把问题找准了，并提出解决问题的方法，才能真正解决问题。

在这个过程中，教练员要注意，是什么问题，你就解决什么问题，而且应该重点说解决问题的方法，而不是只用强化作风来解决问题，因为作风问题只是其中之一。

在大多数情况下，运动员出现心理问题或不知道怎么打球，不能做到坚决、果断、合理，都有可能是教练员造成的，这时，你请多少心理咨询师也没用。当然，也有可能是运动员自身的问题，这时请心理咨询师就会起到很好的作用。

7.31　一般情况下，我们遇到喜欢打整体篮球的队，可以使用盯人防守。我们遇到喜欢个人进攻的队，可以使用联防体系。

其目的就是，你喜欢打整体，我就通过盯人战术，让你打个人。你喜欢打个人，我就通过联防体系，让你打整体。注意：这是在一般情况下，而不是在特殊情况下。

第八部分

对教练员的要求

8.1　教练员要有野心，干事业要有毅力，头脑中要有观念，骨子里要有勇气，改变中要有行动，随时了解和把握机会。

8.2　好的教练员会成为别人的楷模，不好的教练员会成为别人的借鉴。

8.3　教育队员主要是用语言和行动来影响他们，因此，语言和行动要一致，如不一致，就达不到教育和引导的作用，其教育必然是失败的。

8.4　在训练中，教练员把该教的内容教完之后，主要提醒的内容，就应该是思路了。

思路必须建立在观察局面的基础上，没有观察局面的基础，就没有正确的思路。

这是所有运动员的事，必须按合理的思路去练习，只有按正确的、合理的思路去练习，运动员才知道怎样运用技术，才知道自己哪方面不行，才知道今后怎样有目的地练习。

8.5　好的教练员知道，要多做人，少做事。把人做好了，让运动员觉得，能和你一起战斗是快乐、享受、拥有与报恩，不能和你一起战斗感觉痛苦、压抑、内疚、灵魂不得安宁。

8.6　教练员水平的高低，不是看带队时间的长短，而是看顿悟的早晚。

8.7 教练员不能做一天和尚撞一天钟，要有责任心、责任感。

教练员要有主见，明是非，讲道理，不能人云亦云。

教练员不能只是埋头苦干，要懂业务，勤钻研。

教练员不能自作主张，应一切围绕团队利益。

教练员不能只考虑眼前的成绩，一定要从长远培养人才。

教练员不能亲疏有别，要一视同仁，使团队建立平等、健康的人际关系。

教练员不能推卸责任，要严于律己，宽以待人，以身作则，起到榜样作用。

8.8 讲究战略和战术。在战略上要藐视敌人，战术上要重视敌人。藐视，就是不管敌人有多强大，都不怕他。

战术上重视，就是不管敌人强与弱，都有长处和特点，知道怎样知己知彼去对待，懂得应坚持什么和放弃什么，这才是好的教练员。

8.9 教练员一定要积累很多的训练方法和技巧，同时，一定要知道，什么时候用什么训练方法和技巧。

基本思路是，训练的不同时期和不同阶段选用不同的训练方法和技巧；不同水平的运动员选用不同的训练方法和技巧；发现运动员存在的问题时，选用能够解决问题的训练方法和技巧；根据本队需要选用训练方法和技巧。

总之，教练员要能够解决训练中的任何问题，要能够训练不同水平的运动员，能够提高训练水平的教练员，能够使运动员快速进步、提高、成长的教练员，才是优秀的教练员。这种评价不是自己评价自己、不是领导、不是媒体，也不是其他教练员，而是你所训练过的运动员和球队的成绩。

8.10　篮球运动训练过程，又是衡量一个教练员带队思路的过程。有什么样的思路，就会带出什么样的球队。

8.11　学习国外的先进经验没有错，但有些经验不是学来的，而是我们有过的，并主动放弃的，是别人学习我们之后，反过来再教我们的。

我们在学习国外经验时，是有盲目性的，不加以思考，整理，因此，浪费了很多宝贵的时间。有时，我们不是学得不够，而是放弃的太多。

8.12　篮球教练员应意识到，篮球训练场是实践场，也是实验场。没有实践对比、没有实验创新，就很难进步。

8.13　当一个队出现问题时，教练员应意识到，首先承担责任的是自己，而不是别人。

8.14　每个教练员都应该记住一句话，强将手下无弱兵。

8.15　在篮球训练中，运动员会出现很多问题，教练员要学会把问题归类，这样有利于解决问题。比如，是技术问题，还是观察、判断、选择问题，还是坚决、果断问题，还是空间等问题。

8.16　篮球训练中，教练员应该抓主要矛盾时，并预见下一个主要矛盾。

8.17　通过观看国内外各种级别的比赛，我相信我们的教练员应该知道，今后怎样训练和培养人才，这是各级教练员必须认真研究的问题。

篮球运动的发展趋势，需要具有全面能力的人才，我们就必须培养出这样的人才。如果在青少年时期不能培养出具有全面能力的人才，将会影响运动员的长期发展。

8.18　在训练中，一些教练员常常缺乏脚踏实地的工作作风。

大多数人不愿做最基础的训练工作，觉得没意思，费力不讨好，成效慢，不能体现自己的水平，待遇低，不受重视，不能出名等。

我们要知道，任何事业都是从基础开始的，没有基础，或基础打得不好，这项事业肯定发展不好。

所以，现在抓基础训练的教练员，一定要尊重自己的工作，不要管社会怎样对待我们，单位怎样对待我们，我们自己知道我们的价值，没有我们，就不可能有运动员的成功。

8.19　教练员一定要让运动员知道内外兼修的重要性。

教练员在安排训练内容时，运动员常常表现为，自己的强项愿意练，弱项不愿练，自己喜欢的内容愿意练，不喜欢的内容不愿练。

这时，教练员要告诉运动员把喜欢的内容和强项内容当作巧练，把不喜欢的内容和弱项当作磨炼，磨炼就是可以提高内修，可以磨炼意志，可以磨炼耐心，可以磨炼坚强，还可以磨炼战胜困难的勇气，对弱项的提高有极大的帮助，这对运动员的整个篮球运动生涯都有益处。

8.20　什么样的教练员是值得运动员跟随的教练员？

（1）能够在运动员需要的时候，给运动员提供指导，帮助他提高的教练员。

（3）敢于给运动员犯错误机会的教练员。

（4）能直接指出你的错误，骂你一顿，但仍培养你的教练员。

（5）当你取得成绩时，把功劳归于你努力的教练员。

8.21　等待机会的教练员是弱者；把握机会的教练员是强者；创造机会的教练员是智者。

8.22　教练员的整个工作过程是，吃别人所不能吃的苦，忍别人所不能忍的气，做别人所不能做的事。

8.23　年轻是教练员的本钱，但不努力就不值钱。

8.24　教练员思维活跃，才能发展创新，教练员思维呆板，才会随波逐流。

8.25　教练员在训练运动员时，既要提高运动员的全面能力，又要教会他们打球的思路。

8.26　教练员一定要在训练中学习、总结和创新。

如果细心观察就会发现，在训练中有很多问题值得研究，研究和思考是改进训练的前提条件，对比和实验是改进训练的必要措施。

我们要争取选择最好的训练方法和手段，让训练过程更合理化，不要轻易浪费运动员的精力和体力，这是每个教练员必须认真对待的问题。

8.27　教练员除了业务水平外，还应做到以下几个方面：

（1）能让运动员爱戴、支持、相助你。

（2）能让运动员训练、比赛有动力，有方向，每天都知道自己在干什么。

（3）能激励运动员，让运动员有冲劲，训练、比赛主动积极。

（4）能让运动员出了问题，积极主动承担，而不是逃避责任。

（5）能让运动员爱自己的事业。

（6）能建立运动员忠诚自己的球队，热爱自己的球队，有敬业感的团队文化。

（7）能让运动员发挥自己的潜能，找到自己的价值。

（8）能让运动员始终如一地为球队做贡献。

8.28　教练员在任何时期都不能失去希望和信心。

8.29　教练员应该做到：对手知道的事你知道，对手会做的事你会做，对手不愿做的事你愿做，对手不知道的事你做精。

8.30 教练员在面对困难时，一定要有霸气。

在队员条件不好的情况下，也能带出好的队伍，这就是有霸气的教练员。

他见困难不退、不缩、不让、不挑、不推、不躲，而是面对困难，并能找出突破点，把队伍带向成功。

8.31 在教学训练中，教练员的及时提醒非常重要。尤其是对青少年运动员来说，有了及时提醒和反馈，运动员就能及时发现自己什么地方做得不对，为什么会出现这种情况，怎样做才是对的？

之所以这样做，是因为每个人的运动能力和运动感觉不一样，有些运动员经常认为，自己已经按教练员的要求做了，但是教练员认为离要求还差很远，这就说明他的运动感觉和运动能力不好，只有经常及时地提醒，运动员才能慢慢做好。

所以说，教练员的工作是非常辛苦和极具耐心的工作，如果教练员没有辛苦与耐心，运动员的成长与进步就会很慢。

8.32 由于特殊的行业特性，教练员在工作中具有多重身份。

比如说，除了教练员工作应该做的以外，你是严父与慈父，面对队员，该严时一定要严，该慈时一定要慈；你是兄长，要关心、爱护、帮助你的队员；你是挚友，要和队员经常交流、沟通等。

这不是一件容易的事，你要克服性格上的障碍，才能完成各种角色，你还要放下架子，能上能下。总之，当好教练员不容易，希望大家一起努力。

8.33　充满力量的教练员，是有信心的教练员。

8.34　篮球教练员应意识到，篮球训练过程，就是教育的过程。

8.35　在二线和三线工作岗位上的教练员应该感到光荣，因为运动员能不能成才，能不能有长期发展，就要看这一时期的训练效果。二三线的教练员责任是很大的，水平也必须高，如果二三线的教练员训练水平上不去，中国的篮球水平也不会高。

8.36　培养篮球运动员的全面能力，必须从小抓起，从运球抓起，从个人控制球抓起。

运球又要先抓手上功夫，后抓脚下功夫，手上功夫达到一定程度后，重点就抓脚下功夫。

这就要求教练员自身就有控制球、支配球的能力，你才有可能教好，如果自己都不会，你怎么教运动员？你对各种运球、控球的技术要领和规范都不知道，你怎么做示范动作？

篮球运动发展到现在，对个人控制球、支配球的能力要求越来越高，而且会越来越高，作为教练员，必须要做到"自己会，会教人，教人会"。

8.37　教练员都知道，不同年龄、不同层次、不同水平的运动员，训练的内容以及比例是不一样的，但我们往往把握不好。

原因之一就是教练员不是全才，不可能有那么多精力把各层次的训练都研究透，也不可能哪个层次的运动员都会练。每个层次的教练员都有专家，而且其他层次的教练员应该无法与他相比，但是，现在在各岗位的大多数教练员不是这样的，可以说，什么都会点，但什么都不精，这就影响了各层次运动员的发展。

原因之二是名利思想，急功近利，只考虑眼前，不考虑长远，只考虑自己，不考虑运动员的长远发展。这样各自为阵的培养运动员的方法，必然造成人才浪费的现象，到最后，真正培养出的可用之才非常之少。

解决的办法只有一个，那就是克服以上问题，把各层次教练员的训练水平提高，使之成为各层次的训练专家。

8.38　教练员要求运动员每天总结自己的训练效果。内容是你按全面能力的思路去练习了吗？如果没有，是哪几方面？如果有，是哪几方面。这种总结很简单，运动员容易做到。如果运动员养成了习惯，对他的训练和成长都有好处。

8.39　运动员在训练时必须要有思路，不同的思路，练习的结果或效果是不一样的。

教练员是一个队的灵魂，他教给运动员什么思路模式，运动员就会建立什么思路模式。所以说，能不能训练出全面型的运动员，关键是教练员。

8.40　教练员一定要成为解决问题的专家。

不要只会说，你看人家怎么样了，你看看其他队怎么打的，你看看世界篮球是什么样的。

如果只会说，不会练，那就是评论员。其他队怎样比赛，那是练出来的，不是说出来的，所以我们一定要立足在解决问题上。

不过，我们经常犯的错误就是，看出问题了，但没有想办法去解决问题，没有在训练方法、手段、技战术打法和要求上下功夫。

8.41　教练员不要只做看问题的专家，一定要做解决问题的专家。

能看出问题的人有很多，领导可以看出问题，专家可以看出问题，球迷可以看出问题，记者可以看出问题，评论员可以看出问题，但是他们都解决不了问题。

一定要记住，真正能够解决问题的，是在岗位上的教练员。

8.42　每个教练员的精力和体力都是有限的，所以我们一定要珍惜自己的精力和体力，不要轻易浪费掉。

对一个团队来说，没有效率的工作，就是一种浪费。教练员有了这种思路和意识之后，就会在平时的训练和生活管理中，有目的地观察、判断、选择、改进自己的工作现状和进度。

这里的观察就是看问题，判断就是思考，选择就是工作方法、手段和技巧，改进就是不断地修正工作方法、手段和技巧。

如果做到了这些内容，并积累了丰富的经验，我们就不会浪费自己的精力和体力了。这点很重要，这是教练员一生都要做的事，希望各岗位的教练员铭记。

8.43　篮球运动是一项非常容易让人感兴趣的运动，但是，我们经常把对篮球感兴趣的运动员练得没兴趣了，不喜欢了。尤其是对青少年运动员来说，更不应该发生此事。

原因有多种，首先应该从教练员自身找问题、找原因。我们的教学内容能不能吸引他们，训练提高得快不快，学的技能多不多，能不能展示他们的才华和想象力，能不能体现出每个人的个性，能不能让他们有成就感，能不能让他们既有个人展现的机会和空间，又有为集体贡献的满足，能不能全面提高他们的综合素质和能力，能不能让运动员认识到篮球运动的技术种类多，不容易掌握，但同时更喜欢学习。

每一个想学篮球的孩子，他想得很简单，就是喜欢篮球，要打好篮球。他不会想到集体，他对篮球的认识还没有那么深，认识的深度需要很长时间，是在整个篮球运动生涯中慢慢加深的。

我们教练员一定要认识到这一点，要利用好这一点，让孩子们在打基础的时候，要多学东西，提高全面能力，这是我们培养青少年运动员所必须做到的事情，如做不到，就有可能把孩子练得没兴趣了。

8.44　篮球运动技术种类非常多，在有可能的情况下，我们都要教会运动员。

这是运用技术的需要，不同情况，运用不同技术，运动员会，就有可能多项选择，如不会，就没有选择。

另外，就是衡量教练员的教学能力和教学水平了，你什么技术、技巧都会教，而且教得好，说明你是一个技术、技巧全面的教练员；反之，你就是单一的教练员。

8.45　我们的训练一定要找准方向，比如，现代篮球运动需要运动员有什么样的能力，我们就要培养运动员这些能力。

在培养运动员能力的过程中，要讲究方法和技巧。比如说，投篮怎么练、传球怎么练、运球怎么练、突破怎么练、突分怎么练、综合技术运用怎么练，这些内容的训练都需要技巧和方法。技巧和方法正确合理，运动员就提高得快，不正确、不合理，运动员就提高得慢。

教练员一定要在这方面下功夫，要让你的教学水平不断提高，如果能有超前意识和预测发展趋势，并有相应的训练方法和手段，技巧和要求，那就更好了。

如果你现在是教练员，那你就应该知道，你的工作是学习的一生、是继承发展的一生、是实验对比的一生、是求证摸索的一生、是探索发现的一生、是不断进取创新的一生。

8.46　专业队的训练应该是把运动员越教越活，如果把运动员教死了，就说明我们的教学有问题。

这里讲的活是指思想活，思路多，掌握技术多样化，比赛应变能力强，球场上遇到什么问题都能解决，反之就是死。

我们可以自检一下，我们在带队的时候是不是出现过这样的问题，如果出现了，一定要及时改正，如不改，就是耽误人、耽误时间、耽误事业。

教练员要知道，运动员掌握的东西越多，思路就会开阔，思维就会敏捷，思想就会成熟，心理就会稳定。

所以，我们在教学过程中一定要想办法多教给运动员一些东西，让他们能够迅速成长。不要认为教的多了，运动员掌握不了，知识和技能是能够融会贯通的，是能够互相促进的，只要我们能做到，运动员就一定能掌握。

8.47　在训练中，最难的就是技术的运用，尤其是综合技术的运用，所以，我们一定要设计好训练方法和要求。

通过训练方法和要求来提高运动员运用技术的能力，这是训练中的重点之重点。如果这些方面设计不好，运动员就会提高很慢，如果设计好了，运动员就会提高很快。

在提高运动员运用技术的能力训练中，一定要在对抗中进行，如不是在对抗中进行，就不是运用技术的训练，而是单项技术的训练。

在运用技术的训练中，最主要的是提高运动员的观察、判断、选择的合理性。只有在大量的对抗训练中，运动员才能提高运用技术的能力，但是方法和要求更重要。

8.48　在训练中，教练员不仅要教会运动员各种技能，更重要的是要教会他们运用技能，这才是我们真正要达到的目的。

教会各种技能简单，教会运用技能难，因为运用技能所需要的内外素质条件太多了，我们都要顾及到，都要在训练场上设计出来，只有设计出来这种提高运用技能的方法和环境，而且还要多练习，运动员才能提高得快。

8.49　教练员千万不要认为，你教会运动员技术动作后，运动员就会用了。

你教给运动员的技术种类越多，运动员在运用过程中越有可能选错，学会运用技术的过程，是一个很慢长的过程。在这个过程中，我们还要在对抗的情况下，设计出很多不同的场景，提出不同的要求，强化意识，设计空间，有球无球时的行动，以此来促进运动员观察、判断、选择的合理性。

所以说，真正的训练难度是运用技术的训练。

8.50　把运动员教聪明了可不是一件容易的事。

首先，运动员要有天赋，其次，在教学过程中要有内容，内容的安排一定要使运动员越练越聪明，一定要内外兼修。内修人品、意识、心理、智慧等；外修技术、技巧、技能、身体、攻守战术、随机打法、应变能力等，并使内外结合起来。

在教学过程中，一定要做到内容丰富，运动员该知道的一定要让他知道，运动员该学会的一定要让他学会。只有内容丰富，运动员知道得多，学习得多，运动员才有可能聪明。

8.51　教练员要有好奇心，要喜欢新鲜事物，要善于抓住对自己有启发的灵点，要善于从其他人身上学习东西。

要喜欢观察、喜欢聆听、喜欢思考，善于发现、大胆试验，勇于创新、勇于改变、勇于尝试、勇于挑战、勇于开拓、勇于担当、勇于面对和接受任何失败。

教练员的思维必须灵活而细致，教练员的思路必须要广阔而有条理，教练员的言行必须一致和负责。

8.52　在训练中，教练员应是录像机，是监视器，是调节器，是掌控全局的人。因此，你一定要认真看训练，并能看出问题，随时指出问题，解决问题，这样运动员才会提高得快。

8.53　在训练中，青少年运动员大多都会出现顾此失彼的现象，这很正常，教练员要做的事情就是提醒。

8.54　在训练中，要告诉运动员，不要做无效率的训练。

什么是无效率的训练？就是训练质量不高，不全力，不认真，不动脑，按习惯训练，重复错误动作和意识。

如果运动员总是做无效率的训练，还不如不练。衡量一个运动员聪明不聪明，内在素质高不高，看这点就够了。

8.55　篮球教练员要有尽快提高运动员各种能力的意识。

什么是尽快？就是在同等的训练时间内，你所训练的运动员要比别人提高得快。

要做到尽快，不是一件容易的事，需要教练员想尽一切办法，设计出合理有效的训练方法和技巧，从手和脚的协调性和灵活性上下功夫，永远能选择和创新出尽快提高运动员各种能力的训练方法和技巧。

8.56　青少年运动员的训练，不只是练习技术和身体，一定要练头脑。

因为运用技术，主要靠的是头脑。头脑里装了什么，运用技术时，就会体现出什么，所以，教练员一定要重视头脑的训练。

头脑的训练，以观察为前提，要有空间意识的战术训练，要有基础战术的内容训练，要有有球和无球的移动训练，要在对抗中训练。

头脑的训练，关系到运动员篮球生涯的长短，关系到能不能挖掘运动员的内在潜力，是运动员会不会打篮球的标志。

8.57 教练员必须学会逼出运动员的潜能。

在长期的训练中，每个运动员都会暴露出不足，都有自己的弱项，只不过表现出的内容和形式不一样。

有心理方面的；有认识方面的；有觉悟方面的；有人品方面的；有性格方面的；有智慧方面的；等等。不管是什么原因，这些方面如果不提高，就会影响运动员的成长和进步。

这些内容都是提高运动员内在素质的关键，都是帮助运动员挖掘潜力的因素，所以，教练员必须要重视。

8.58 教练员应该做到，训练时要求严，比赛时要求宽；训练时说得多，比赛时说得少；训练时批评多，比赛时批评少；训练时全面训练队员，比赛时按个人能力和对手情况分配任务，提出不同的要求；训练时多练全队及个人的弱点，比赛时尽量不暴露全队及个人的弱点；训练时全面强化意识，比赛时根据对手的情况，有目的地运用所学意识内容；训练时所学内容多，比赛时根据对手情况选择所学内容。

8.59 逼出运动员的潜能，必须从内修开始，外修只是辅助。

内修主要是引导、教育。内容有心理方面、认识方面、智慧方面、觉悟方面、思路方面、性格方面、人品方面等。外修就是具体的训练内容。

教练员必须要把内外修结合好，才能有效地挖掘运动员的潜能。

8.60　在运动员的成长过程中，每一个人都需要教练员逼他，所以教练员必须学会逼运动员。

逼运动员有两种方式：一种是霸道地逼，另一种是霸气地逼，虽是一字之差，但效果却不一样。

总是用霸道地逼，容易使运动员产生逆反心理；霸气地逼是明是非，讲道理，让运动员知道必须这样做，应该这样做，如果运动员做不到，他会自责、会自检。

运用霸气地逼，运动员容易接受，在逼的过程中，运动员会提高承受能力。

霸气地逼，也有技巧，教练员要在实践中不断地摸索，使之成为训练中的有力武器。

8.61　在训练中，逼运动员的技巧有很多。

首先，教练员要学会运用语言、运用表情、运用态度，还要学会引导教育。

其次，技巧方面，要学会区别对待，要学会当面刺激，背后疏通，让运动员既有压力，又能承受；要做到及时提醒，及时指出，不留情面、不留死角；还要从全方位去逼运动员，每个动作，每项训练，都要去逼，让运动员没有偷懒的机会。

特别是，教练员平时要多讲道理，练时严、狠、准；平时多沟通，练时多要求；平时多关心，练时不讲情面；平时多引导教育，提高认识，练时加难度和持续性，提高承受能力；平时多讲思路，练时要设计思路、内容、方法和要求；平时平易近人，练时铁面无私。

此外，训练时，还要用激励、鼓励、奖励方式调动积极性，用自己的激情感染运动员等。

8.62　要想带出内外双修的运动员和球队，首先教练员要有内外双修的素质。如果没有，你也不可能带出内外双修的运动员和球队。

8.63　训练和比赛都需要激情，但更需要冷静。不能控制自己情绪的运动员，会给球队带来不利。教练员在引导、教育过程中一定要加强这方面的内容。

8.64　教练员应该让运动员知道，在训练和比赛时，永远不能让自己的队友在持球时孤立无援。一定要做到拉开空间接应，永远有接应的意识和行动。这不只是帮助队友，对自己和全队都有好处。

8.65　和以前相比，篮球运动训练的内容和技术规格要求有了很大的发展，尤其是运球和传球的训练内容发展更快，内容更多，实效性更强，而且都应从儿童抓起。

这就向我们提出了一个问题，作为教练员，有很多内容是我们自己都没有练习过的怎么办？

（1）看高水平比赛，看高水平运动员的技术动作、录像、分析，然后教给运动员。自己练习的球员大多数就是这样练习的，所以，教练员更应该做到。

（2）可以找教材、视频以及相关材料。

（3）可以直接找会的教练员教。

总之，要想尽一切办法来达到教学目的。

8.66　教练员必须知道，培养一个运动员是一个循序渐进的过程，不管是哪个过程你必须都知道。

这就像小学到高中的基础教育，必须一步一步地走，只有到了大学才能选择专业，选择了专业也与基础知识和学习能力有关，基础越扎实，对专业越有利。

通过这个过程，我们就应该知道，对运动员的要求也应该是循序渐进的，不应该是急于求成的。急于求成只能带来不利，只有脚踏实地，一步一步走扎实，才能挖掘出运动员的最大潜力。

8.67　教练员应该永远把自己当作业务人员，你的业务能力体现在是不是什么水平的球队都能带。怎么选择是你的事，但绝对不要想改变老板或领导的意图。必须知道，有了平台才能展示自己，有了平台才能证明自己。人生不存在谁利用谁，只有互相利用，共同收益。

8.68　作为教练员，你所带过的弟子有很多，你要认识到，不管你的弟子能不能成为优秀的运动员，但离开你以后，都要成为优秀的人才。人才有广义和狭义之分，广义是不管在什么岗位他都是人才，狭义是只能是一个专业人才。

8.69　作风的培养是逼出来的，教练员不能心慈手软。在作风建设和培养过程中，我们要向军队学习。

（1）要让运动员建立没有任何借口的意识，一切训练内容和安排必须没有任何借口地完成，就是用外部刺激提高作风。

（2）建立责任感、集体荣誉感、担当意识和承受能力，提高内在素质。

（3）把两者结合好，缺一不可。如果没有外部刺激，运动员就不知道什么是作风，没有亲身体验，就不知道作风培养的难度。如果没有内在素质教育做保障，运动员就不可能有长期、稳定的作风体现。

8.70　运动员的球场作风，表现在斗志上。不管任务能不能完成、不管任务有多大困难、不管让你完成的任务合不合理、不管让你做出多大牺牲、不管对自己有没有利等情况下，都能表现出顽强的斗志和信心。这才是我们所需要的作风。

8.71　教练员一定要记住，在整个训练和比赛过程中，作风的培养是最重要的工作。

作风好的队，不管遇到什么情况都会顽强拼搏，人只有在拼搏的情况下，才能知道自己有多大的潜能。

作风培养的好处是，可以弥补错误、可以战胜困难、可以提高心理承受能力、可以改变或塑造性格特征、可以把教育引导的过程简单化、可以把技战术的运用简单化，同时，也可以把技战术的运用复杂化、可以增强一个队的战斗力、可以凝聚一个战斗集体、可以减轻教练员的管理负担、可以提高运动员各方面的能力、可以培养运动员各方面的素质。

可以说，作风的培养是一切工作的保障，没有作风，就没有一切。

8.72　教练员一定要知道，运动员的各种能力是长期艰苦训练练出来的，而不是比赛指挥出来的。因为练到了，才能指挥出来，练不到，指挥也没用。所以，我们的功夫要花在训练上。

8.73　每次比赛回来，教练员都要认真总结。

因为在比赛过程中，会遇到很多对手，每个对手的情况都不一样，因此，我们要学会总结归纳，归纳成几类：

（1）我们能轻松赢的球队。

（2）和我们水平差不多，谁发挥好，谁就能赢得球队。

（3）我们再怎么努力，也赢不了的球队。

在此基础上，要重点研究和我们水平差不多的球队。研究的主要内容应该是，对手用什么防守，对我们的进攻破坏最大；我们用什么防守，对手最不适应；我们从攻到防都有哪些问题，我们解决了什么问题，就可以战胜对手。

这些问题研究后，我们在训练中有目的、有针对性地去练习就可以了。

8.74　教练员一定要让你的队员在训练中长见识，不要只是让他们在比赛中长见识。

在训练中，只有练习的内容多、范围广、难度大，运动员才能长见识。如果只让他们在比赛中长见识，那他们永远是被动的。因为这样做的后果是对手会了你才会、对手知道了你才知道、对手练完了你才练、对手运用了你才运用，永远是跟着对手走，没有主动的时候。

因此，教练员一定要在训练上下功夫，让运动员知道得更多，练习得更多，让他们占据主动地位。这样，运动员从心理上、智慧上都会有优势，对于他们的长期发展是绝对有好处的。

8.75　教练员在向运动员提要求时，首先是严，其次是变化。

没有严要求做基础，变化也不会好。所谓严要求，就是让运动员必须要做到，没有做到第一步，就谈不上第二步，就更谈不上变化。

作为集体项目来说，这点就更重要了。变化是靠集体来完成的，在不同时期、不同位置、不同对手、不同防守、不同进攻、不同打法、不同条件、不同能力的情况下，每个人都有自己的任务，如果每个位置的人，都能有效地完成自己的任务，那么集体的变化就出来了。

8.76　在集体项目中，教练员要学会用人。

要想用好人，首先是要了解人。教练员要做到了解自己所有的队员，他们的特点是什么、他们的不足是什么，他们怎样搭配才能最合理，才能发挥出最大的潜力。

任何队员都不可能是全能运动员，他们都有自己的特点和不足，因此，合理的搭配就显得十分重要。

搭配时，首先要有框架，也就是说，要有几个主要的人选，他们是主框架，主框架最好是两到三人，如果能到四人就更好了。

在主框架的基础上，我们再搭配其他人选。搭配的人也要有特点，主要是用他的特点，但他不能影响主框架的作用，他必须能配合主框架完成任务。这样，我们就可以在不同时期、不同情况、不同对手、不同需要的情况下来选择搭配的人。

搭配合理并不是一件容易的事情，必须反复尝试，因为每个球队的可用人才，理想人才都是有限的，我们只能根据球场上的情况，来选择相对而言最合理的搭配。

教练员如果运用好了搭配，运动员也了解了自己的特点和特长，那么，这个球队的教练员和运动员就会形成默契，彼此都会知道什么时候该用谁了，队员也知道自己上场该做什么了，教练员布置任务也就简单了。

所以说，教练员要把用人之道，在平时的训练工作中就有目的、有针对性、有变化性地做好，在比赛中用人时就会很从容。

8.77　教练员懂得了用好人才的重要性、搭配人员的重要性以及建立主框架的目的性。那么，怎样建立主框架，怎样搭配队员，怎样合理有效地使用人才，这才是问题的关键。具体如下：

建立主框架是有条件的，所选队员的技战术功底必须极为扎实，必须知道本队所有的攻防战术体系和内容，彼此之间要有一定的配合默契，能带领和引导搭配的运动员完成教练员交给的比赛任务。

怎样搭配队员？在主框架不变的基础上，搭配队员可以变，要根据不同的对手、不同的任务、球场上的需要等，来选择搭配队员。

怎样合理有效地使用人才？首先，所搭配的队员不能影响主框架队员完成任务，必须是协助主框架队员完成任务。其次，不要让协助队员完成更多的任务，让他完成一两个任务就可以了，主要任务一定要让主框架的队员完成。

在用人方面有很多的学问，教练员必须认真研究，这样，我们在比赛中，可用队员就会多，就好调配，使每个队员都有调整休息的时间，对顺利完成比赛任务将有无限好处。

8.78　运动员的心智水平是随着年龄的增长、经历的丰富、认知水平的提高而逐渐成熟的。对于心智不成熟的运动员，教练员着急也没有用。在所有运动员里，也分早成熟和晚成熟，教练员在这方面一定要区别对待，尤其是青少年运动员心智的成熟更是一个漫长的过程，所以，抓青少年训练工作的教练员就更需要有耐心。

8.79　真正把教练员当明白了，需要一个很长的过程。

在这个过程中，教练员必须要抓基础训练，也就是抓青少年训练的过程，只有在抓青少年的训练中，才能锻炼和提高教练员的全面教学能力。

当然，你在抓青少年训练的过程中，还必须用心、动脑，还要尝试各种训练方法和手段，还要学会教各种技术和技巧，还要学会教各种攻守战术体系，还要学会培养人和使用人，还要学会教育人、引导人，还要学会打造一个团结、向上、积极进取的集体。

总之，只有这样的机会，才能让你和青少年运动员一起成长和进步，只不过你们成长的内容不一样，你需要提高的是教学水平和管理水平，而运动员需要经历的是，由不会到会，再到运用的成长过程。

我们都知道，青少年球队在比赛中运用的技战术内容比成年队多得多，这就进一步说明，只有在青少年训练中，才能锻炼和提高教练员的全面执教能力。

8.80　在教练员执教生涯过程中，不管什么时候，你只要认识到，当一名优秀的教练员是很不容易的事，并还在努力工作着，说明你离成功已经不远了。

为什么这样说？因为只有这样认识的教练员才会不断努力、不断进取、不断探索发现、不断完善自己、不断提升自己的内外素质，他会把一切责任包揽在自己身上，会知道自己的不足，知道怎样提高自己，知道只有提高自己，才有可能带好一个队。

这样的教练员一般都坚韧、果敢、执着，不会被困难吓倒、不会被外界环境影响、不会被舆论导向左右，知道自己该干什么，不该干什么，有自知之明，不胡干，会量力而行，所以说，这样的教练员更容易成功。

8.81　作为篮球教练员，我认为提高自己的外在业务水平并不难，难的是提高自己的内在业务水平。

外在的业务水平，我们可以通过很多渠道来提高，也就是说，你只要当教练员、只要参加比赛、只要参与训练、只要关注各种比赛，随着时间的推移，你不想提高都不行。

而内在的业务水平提高，就不那么简单了。教练员首先要认识到提高自己内在业务水平的重要性，并有意识地、自觉自愿地学习，在实践中，不断地摸索、探讨、研究、总结、归纳，这个过程很漫长，不是我们想象的那么容易，可能要伴随你职业生涯终身。

因为你是集体项目的教练员，你要学会看人、用人、引导教育人，你要学会合理搭配人，使之尽量发挥每个人的最大潜能。

8.82　培养运动员，是一个由简单到复杂，再由复杂到简单的过程。

这个过程是不能简化的，运动员该经历的必须经历，该学的必须学，这是打基础，基础打不好，运动员就很难有长远发展。

如果运动员不学习、不经历，没有从简单到复杂的过程，就不可能有从复杂到简单的质的飞跃。

如果运动员学习和经历的都是简单化的内容，那他就不可能对篮球运动有深刻的理解；如果运动员学习和经历的都是复杂化的内容，那他在运用过程中一定会画蛇添足。

由简到繁、由繁到简，要做到运用自如，必须要有学习和经历，我们教练员一定要让运动员做到。

8.83　深度思考篮球运动的规律和发展方向，深度思考面对的困扰和解决难题的答案，深度思考不断创新的内容和独特路径，是很有意思的，会带给我们意想不到的收获。

在这个思考过程中，我们可以不断提高自己的业务水平、不断解决问题、不断克服困难、不断创新发展、不断开阔思路、不断丰富我们探索发现所取得的成果。

因此，我们要勤于思考、善于思考，学会运用思考，这将是教练员毕生应该做的事情。

8.84　从事篮球事业之所以吸引人，是因为它可以让你不断发现问题，并促使你不断解决问题。

它可以拓展你的思考空间，它可以开阔你的执教思路，它可以充分发挥你的想象力，它可以让你实验各种想法，它可以让你把所学、所想、所会的内容融会贯通后综合起来运用，它会促使你有创新的欲望，它会促使你改变思维方式，变得精、细、准，它会让你的思维敏捷、善变，它会让你知道，你用一生的努力也无法把篮球运动研究透。所以说，它很有意思。

8.85　篮球运动训练说简单也简单，说复杂也复杂，关键在于你能否抓住不同时期的训练重点。

只有全面型的教练员，才能认识到不同时期的训练重点，才能发现不同时期出现的不同问题，并有能力解决问题，这样的训练就是有效的，也可以说是简单的。

如果教练员的能力不全面，就很难在不同时期发现不同问题，就是发现了，也不一定能解决。对于这种情况下的训练，就是复杂的，因不知道从哪里下手。

8.86　信息时代，要想获得各方面的信息很容易，所以，现在得到多少信息不那么重要了，重要的是你得到信息后，要学会分析信息、会归纳信息、会找出有利于自己的信息、会找出能启发自己的信息、会找出能解决问题的信息、会找出引导你思路的信息、会找出能帮助你创新的信息。

要在信息中探索发现，要在信息中预测发展趋势，要在信息中找出规律性的东西，要使信息由繁到简，要使信息能指导自己的工作。

只有这样做，信息对我们才会起作用，否则，信息越多，思路越乱。

8.87　篮球比赛过程就是我们破解对手的过程和对手破解我们的过程，以及我们限制对手的过程和对手限制我们的过程。

篮球训练过程则是我们分析对手的过程和对手分析我们的过程，以及我们有针对性的训练过程和对手有针对性的训练过程。

在这些过程中，我们怎样才能占据主动，这是一个值得认真研究的问题。分析、研究并破解对手固然重要，但不能总是这样，总是这样是不够的，它会让我们始终被动地分析、研究并破解对手。

我们应该做到不断创新，让对手不适应我们，让对手分析、研究、破解我们的内容多，而我们需要分析、研究、破解对手的内容少，这样，我们就占据主动了。

8.88　教练员不管再怎么努力，也不可能把所有运动员都培养成一样高的水平。不管哪个队的运动员，水平总是有高有低，这也是规律。

在培养运动员的过程中，会受到很多条件的影响。但我们不应该受条件的影响，该怎样培养，就怎样培养，把每个队员培养到自己最好的程度。

因为在比赛中，各队比的是综合能力。虽然个人能力很重要，但如果一个队的整体能力不行，队员之间的个体能力差距太大，也会影响一个队的水平。

所以，在平时的训练中，我们一定要对所有运动员严格要求、要让他们全面练习、要给他们练习的机会。这样，到比赛时，我们就可以和对手比五个位置上的实力，如果在五个位置上，我们有三个位置占优，就会取得主动。

8.89　每个教练员都有自己带队的风格和特点，这不能用好坏来衡量。

不同性格的教练员，不同类型的教练员，都有可能成功，也都有可能失败。成功与失败的过程有很多原因，不能衡量教练员的好坏。

总体来说，教练员和运动员能够互相适应，带队就比较顺利，不能互相适应，带队就比较困难。

8.90　预见性是超前意识的基础，如果一个人不管干什么事，都有预见性，并能够做出计划和方案，以及有解决预见性问题的办法，那他一定是一个有超前意识的人。我们篮球教练员就应该具有预见性，并形成习惯，只有这样，我们才能建立超前意识，才有可能做到探索、发现、创新，才有可能在训练和比赛中占据主动。

8.91　千万不要做既从众又固执的教练员。从众是不动脑，固执是性格、思维、权威、面子、虚荣心等造成。不管干什么事业，如果遇到既从众又固执的人，这个事业一定不会干好。

8.92　我们要做全面培养人才、合理使用人才的教练员。会培养人才的教练员肯定会使用人才；会使用人才的教练员，不一定会培养人才。

8.93　集体项目需要个人能力，但必须知道需要什么样的个人能力。

拿篮球项目来说，个人能力主要是三个方面，即个人的进攻能力、个人的防守能力，以及帮助队友和帮助全队的能力。

这三方面说起来简单，做起来很难。原因在于，这三方面的内容如果展开来讲，所包括的内容太多、太广，能够把运动员培养成有这三方面的能力，是很难的事情。

但是，作为教练必须向这三方面努力，如果你不努力，就很难培养出高水平的篮球运动员。

8.94　教练员一旦明白了个人能力与集体配合的关系，才有可能花大量的时间抓个人能力。但在抓个人能力的时候，不能放弃整体配合的意识。如果放弃了或没有认识到，那你在抓个人能力的时候，还是按单项运动的思维来抓集体项目，后果是非常严重的。

8.95　作为一名篮球教练员，应该处理好创新内容和既有内容的关系。篮球运动永远有创新，但没有过时的内容。你认为过时的内容，是你不会用，如果你会用，就没有过时。创新是为了让对手不适应，你认为过时的内容，如果你现在用，也可能对手不适应。

8.96　在执教生涯中，教练员必须努力提高两方面的能力，第一就是培养人才的能力，第二就是使用人才的能力。

提高培养人才的能力，需要从训练的技巧、方法、手段、思路、育人等方面下功夫。这里面包括的内容有很多，也是最能提高或衡量教练员各方面能力的方面。

提高使用人才的能力，首先是了解自己的运动员，其次是合理地、有效地使用运动员，争取让自己的运动员个个都有用，都能在比赛中发挥出最佳状态，做到不浪费人才。

8.97　篮球教练员要认识到，在整体进攻训练中，有球人和无球人的移动同样重要。

因为他们是通过不停地移动来布局的，他们是通过不停地移动来创造合理的进攻机会的，他们是通过不停地移动来调动防守人和防守布局的，他们是通过不停地移动来使球流畅运行的，他们是通过不停地移动来变化身份的，其中有组织者、进攻者、牵制者和接应者。

如果我们忽视了无球人的移动，就不能达到以上目的，就无法形成整体进攻。

8.98　培养青少年的篮球教练员必须要有尽快意识和整合训练的意识及能力。

我们都知道，培养篮球运动员的周期很长。这是因为篮球运动项目的技术种类多，进攻中有投、运、传，投运传又可以分出很多的技术和技巧。防守中有堵、封、抢，堵封抢也可以分出很多的技术和技巧。还有基础战术和意识的训练，内容也有很多。此外，篮球运动对身体素质的训练要求更高，需要运动员有很全面的运动能力，有速度、耐力、弹跳、力量、协调性、灵活性等。这其中，还没包括心理训练、智慧训练、整体战术训练、教育管理等内容。

如果我们没有尽快意识和整合意识及能力，我们的训练周期就会更长。尽快意识和整合意识不代表是急于求成，篮球运动训练也不可能做到急于求成。

我们所说的尽快意识和整合意识及能力是让大家在训练方法、训练手段和训练技巧上下功夫。例如：

技术训练和身体训练相结合；

防守脚步、进攻脚步与运球训练相结合；

运用技术与基础战术意识相结合；

技术训练、运用技术训练、基础战术意识训练、防守脚步、防守意识训练和体能训练相结合等，可以举出很多例子。

这就是尽快意识，这就是整合意识及能力，谁能做到整合得好，整合得合理，整合的内容多，谁就能做到尽快。所以说，要想做到尽快，就必须学会整合。

8.99　在训练的时候，我们教练员不能完全按照指挥比赛的思路来培养运动员。

因为比赛时，我们要让运动员发挥自己的强项，避免自己的弱项。而训练时，是让运动员巩固自己的强项，提高自己的弱项。

如果在平时的训练中，我们按照指挥比赛的思路去练习，就有可能练不出全面型的运动员。这是因为，我们不会给运动员全面训练的机会，没有全面训练的机会，就不可能训练出全面型的运动员。

过去，我们一直在犯这样的错误，现在要引起重视，不能再犯这样的错误。

8.100　几十年的教练员工作让我体会到，发现问题容易，指出问题容易，掩盖问题容易，逃避问题容易，推卸问题容易，讨论问题容易，辩论问题容易，口头上解决问题也容易，只有会解决问题才难。

这是因为，我们在解决问题的时候，要有准确系统的解决方案，要有科学合理的有效行动，要有教练员和运动员的积极互动，要有训练和比赛中的实践检验，如此，才能有系统、有步骤地解决问题。

解决问题的难度主要是看你的行动是否合理有效，不合理，就一定不会有效。

因此，在工作中，我们一定要不断自检，是不是经常在做不合理、没效果的工作。这样的自检本身就是发现自身的问题，对解决问题能够起到重要作用。

8.101　在训练中，教练员一定要做到说和做一致。

我们往往在训练中，犯说和做不一致的事。比如，我们在说训练指导思想时，非常正确，大家也都认可。但是在训练中，具体提要求时，又和训练指导思想不一致，或不完全一致。

这说明什么呢？原因有很多，有业务水平问题，有心理问题，也有可能是胸怀问题。

如果是业务水平问题，表现在不知道抓什么或练什么，才能完成我们的训练指导思想。

如果是心理问题，表现在没有信心，不自信，抓什么，练什么都不会坚决、果断。

如果是胸怀问题，表现在对人的要求不一样，想要求的人就要求，不想要求的人就不要求，敢要求的人就要求，不敢要求的人就不要求。

不管什么问题，都会出现说和做不一致的事情，这样练出来的队不会有特点，也练不出优秀的运动员。

8.102 在训练的时候，一个篮球教练员如果总是感觉时间不够用，说明他已经入道了。在训练的时候，一个篮球教练员如果总是感觉没什么可练的，说明他不懂篮球训练。

为什么这么说？这是因为篮球运动的技术种类多，攻守战术阵型变化多，运用攻守技术时的意识内容多。这还不是全部，如果加上身体训练，心理训练，内容就会更多。这么多的训练内容，而且还必须是反复练习，循环训练，如果没有长期的训练积累，是根本完不成的。

以此来分析，以上两种教练员，一个是入道了，一个是不懂，希望大家要当入道的教练员。

8.103 篮球运动训练最难的事情是，你要练出一支思路一样，思想一致，愿意一起动脑子打球，也会一起动脑子打球的队伍。

这支队伍里的球员都有主动性，都有大局观，都知道整体的重要性，都愿意为这个集体负责任，也都愿意为这个集体付出。

这支队伍里的球员都知道自己是主角，也都知道自己是配角，都愿意成为主角，也都能成为主角，都愿意成为配角，也都能成为配角，都知道主角与配角的关系，都知道主角与配角的转换，也都愿意主角与配角的转换，知道自己的成功离不开这个集体，也知道这个集体需要你。

能把球队带到这种境界是很难的，这需要教练员的自身能力，而且是非常全面的能力。我们的目标是培养有全面能力的人和队，如果我们自己都不全面，怎么可能培养出有全面能力的人和队。

所以说，当一名教练员容易，但当一名好教练员、全面型的教练员不容易。我们需要努力做的事情还有很多，时间是不够用的，只有不停地努力，不停地进步，不停地学习，才有可能实现我们的目标。和弟子们共勉。

8.104 作为教练员，要有一种信念，也可以说是信心，那就是不管带什么水平的球队，都不会影响你带队的水平。

如果你认为带低水平的球队，影响了你的业务水平，那说明你的业务水平还不够高，业务能力还不够全面，你只能带别人已经练好的运动员或球队。

只要没练好的球队，你就带不了，说明你带队是有局限性的，只能在某些特定的条件下你才能带队。

大家都知道，低水平的球队不好带，越是不好带的球队，才越能体现出教练员的业务水平和执教能力，越是低水平的球队，才越需要好的教练员，有能力的教练员去带。

如果我们的教练员都只能带优秀的队员、成熟的队员、条件好的队员，才能出成绩，那教练员的水平永远也上不去。

运动员的水平高低和条件好坏也是相对而言的，不管是什么水平的运动员，什么条件的运动员，都需要科学系统的全面训练。没有好的训练，运动员就不可能成才。所以，我们需要的是有能力、有水平、技术全面、会训练的教练员。

8.105　篮球教练员应该知道，永远是练习的内容多，比赛时运用得少。

原因是，你要根据不同对手选择不同的内容来使用，你要根据自己运动员的实际水平选择内容来使用，你还要根据不同阵容选择内容来使用。那么，这些选择都需要在训练中练到，你不练到就没有选择的空间。

8.106　教练员要知道，最难教的运动员是思路跟不上你的运动员，所以，要在培养运动员思路上下功夫。

最难做的事情，不是你说了什么，你做了什么，而是你会做什么，能做好什么，要在会做上和做好上下功夫。

最怕的事情是，人在无知的情况下，还在努力干活，这对事业伤害最大，所以，我们要在有知上和努力干活上下功夫。

8.107　在训练和比赛中，教练员一定要学会看出问题，而且要学会看准问题。因为你看不出问题或看不准问题，你就无法解决问题，所以说，看出问题和看准问题是教练员需要具备的能力之一，也是最重要的能力之一。要想做到这一点，需要教练员长期积累经验，做到一看、二想、三分析。

8.108　在训练和比赛时，我为什么指点大队员多，指点主力队员多，指点进队时间长的队员多？因为他们是队里的核心和骨干，他们要起带头作用，他们要做到传帮带，他们要能够帮助教练员把队伍带好。因此，我才会对他们提出更高的要求。

8.109　篮球教练员不管带什么队，都要有耐心、智慧、恒心、自信心。

耐心：就是不怕挫折，不怕困难，不怕没人理解，不怕各种压力，抗得住寂寞，只管自己干下去。

智慧：就是对你所干的工作熟悉，你知道怎样才能干好，并在此基础上有所创新，有所发展。

恒心：就是不管干什么工作都要坚持到底，不要管自己的身份地位高低，不要考虑来自各方面的不利因素，你只要能坚持到底，就一定会有收获。

自信心：认为正确的就要坚持，不正确的能及时改正。相信自己有能力把最难的工作干好。在干工作时，自己创新出来的东西，不怕别人使用，也敢给别人使用，不怕别人超过你。只有这么做，才可以说你有自信心，你有霸气。因为你相信自己的能力和智慧是取之不尽，用之不竭的。